AF142930

Majalta majalle vaelluksia Dolomiiteilla

Matkakertomuksia Alta Via 1, Alta Via 2 ja Dream Way -reiteiltä

Aku-Petteri Korhonen

2024

© 2024 Aku-Petteri Korhonen

Kustantaja: BoD – Books on Demand, Helsinki, Suomi

Valmistaja: BoD – Books on Demand, Norderstedt, Saksa

ISBN: 978-952-80-8263-7

Tervetuloa vuoristovaelluksen maailmaan!

Eräällä vuoristovaelluksella tapasin jonkun ryhmän mukana kulkeneen miehen, joka kysyi, missä muu ryhmäni on. Eipä ollut sellaista, jolloin hän kysyi, minkä matkanjärjestäjän kautta olin sinne tullut. Ei ollut sellaistakaan. Lopuksi hän ihmetteli, miten voin kulkea yksin vuoristossa aivan toisella puolella Eurooppaa, kuin mistä on kotoisin. Olkoon tämä kirja vastaus tuohon kysymykseen.

Olen käynyt vaeltamassa Euroopan vuoristoissa kesäisin vuodesta 2004 alkaen. Vaellukset toteutan omatoimisesti eli valitsen ajankohdan ja reitin, tilaan kartat ja reittikuvaukset, varaan majoitukset, ostan lennot ja muut kuljetukset sekä päätän päiväetappien pituudet, suunnistan reitillä ja teen matkan varrella eteen tulevat valinnat itse.

Olen tehnyt majalta majalle vaelluksia Tatralla, Pyreneillä ja kaikissa Alppimaissa ja kirjoittanut Alpeilla ja Pyreneillä tekemistäni vaelluksista kymmenen kirjaa vuosina 2013-2023. Tähän yhdenteentoista teokseen on koottu kuvaukset kahdesta Dolomiiteilla aiemmin tehdystä vaelluksesta. Molemmat kuljin poikani kanssa, ensimmäisen Cortinan alueella ja Alta Via 2 -reitillä (Julkaistu kirjana *Vuoristovaellus Dolomiiteilla lapsen kanssa*) ja toisen niin sanotulla Dream Way -reitillä Münchenistä Venetsiaan (Julkaistu nimeltä *Vaellus yli Alppien – Dream Way Münchenistä Venetsiaan*). Edellisestä on tässä kirjassa stilisoitu versio ja jälkimmäisestä kuvaus Italian Dolomiiteilla vaelletusta osuudesta.

Lisäksi mukana on kuvaus kesällä 2024 vaelletusta osuudesta Dolomiittien Alta Via 1 -reitillä. Kaikki nämä matkat päättyvät Venetsiaan, jonka nähtävyyksistä kerrotaan jokaisen mainitun matkakertomuksen lopussa. Nämä kuvaukset kattavat kaikkiaan noin kuukauden verran kulkua vuorilla ja kaupungeissa.

Tarjolla on mielenkiintoisia vaellus- ja matkailukokemuksia Unescon maailmanperintökohteissa Dolomiiteilla ja Venetsiassa. Mukavaa nojatuolimatkaa!

Helsingissä, elokuussa 2024

Aku Korhonen

Cortina, Tre Cime ja Alta Via 2

Johdanto

Alta Via 2 -reitille (jäljempänä *AV2*) lähtiessäni menossa oli jo yhdestoista peräkkäinen kesä, jolloin kävin vuorilla vaeltamassa, joten tietty rutiini ja valmius tällaisen reissun tekemiseen oli olemassa. Uutta tällä reissulla oli kuitenkin kohde eli Italian Dolomiitit, jossa en ollut käynyt. Aiemmilla vaelluksilla olin usein kuullut ihmisten kehuvan niiden maisemia ja vuoristomajojen erinomaista ruokaa, joten pitihän sitä lähteä tarkistamaan, pitivätkö puheet paikkansa.

Toinen uusi asia oli se, että mukana oli poikani, joka juuri ennen matkaa täytti 13 vuotta. Se toi mukanaan tietysti uutta mietittävää, kun aiemmin oli riittänyt, että hoitaa omat asiat. Lapsen kanssa tuli mietittäväksi käytännön asioiden lisäksi erityisesti se, miten hän jaksaa kulkea vuorilla. Pitkään tätä talvella mietin, kun jahkailin kahden reitin välillä eli lähteäkö Alta Via 1 -reitille (jäljempänä *AV1*) vai AV2:lle. Edellisen osalta olin varma, että pojalla ei olisi siellä mitään ongelmia, olihan hän urheillut paljon ja saanut vaelluskokemusta aiemmin Tour du Mont Blancilla ja Tatralla. Kai sitä kuitenkin haluaa kokeilla, josko rahkeet riittäisivät enempään. Pitkän harkinnan jälkeen päätin lähteä kokeilemaan, onnistuisiko meiltä AV2:n kulkeminen.

AV2 on AV1:tä vaativampi. Pituutta AV2:lla on alusta loppuun kuljettuna noin 160 kilometriä ja korkeuseroa noin 9000 metriä. Näiden lukujen sijaan arvelutti enemmän kuitenkin reitin vaikeus. Reittikuvauksen saatuani epäröin, mutta päätin kuitenkin, että lähdetään ja muutetaan suunnitelmia, jos näyttää siltä, ettei onnistu. Reitiltä pääsee aina pois ja olen tottunut hyvinkin joustavaan matkusteluun, jossa ei ole tarvetta idee fix -tyyppisesti tehdä täsmälleen, mitä on aikonut tai kävellä reitin joka ikistä metriä. En lähde vuorille suorittamaan, vaan lomalle, näin kai sen voisi kiteyttää. Mennään päivä kerrallaan siten kuin se järkevältä kulloinkin tuntuu.

Reitti osoittautui ennalta arvattavasti vaativaksi. Matkan jälkeen vakiokysymys kuuluikin, miten poika jaksoi.

Tästä matkakertomuksesta saa vinkkejä oman matkan suunnitteluun. Mukana on edellisten kirjojen tapaan myös yleisempää pohdintaa maailmanmenosta. Vuorilla tällaiseen on aikaa ja ajatus selkiintyy, kun arkielämän rutiinit ja uutistulva jäävät pois ja elämä muuttuu varsin yksinkertaiseksi. On tällaisessa vaeltamisessa varsinkin lapsen kanssa tietysti kaikenlaista mietittävää ja päätettävää sekä uusia yllättäviä tilanteita, jotka pitää ratkaista. En ole kuitenkaan kokenut tätä ongelmalliseksi, vaan päinvastoin juuri se tekee matkustamisesta mielenkiintoista, jopa seikkailua.

Matkamme alussa kävimme vaeltamassa kuuluisan Tre Cime -vuoren maisemissa Cortina d'Ampezzon (jäljempänä *Cortina*) lähistöllä. Kerron vaeltamisesta myös tällä suomalaisten vaeltajien suosimalla alueella. Vaellusreissun jälkeen olimme vielä viikon Venetsiassa, josta kerrotaan tämän matkakertomuksen lopussa. Lukija pääsee näin samalla kulttuurimatkalle tutustumaan kaupungin historiaan, kirkkoihin, museoihin ja muihin nähtävyyksiin, uimarantoja unohtamatta. Tämän osuuden otin mukaan, kun arvelin sen voivan kiinnostaa Dolomiiteilla kävijöitä, jotka varsin usein ottavat lennot Venetsiaan. Tätä vaellusloman, kaupunkiloman ja rantaloman yhdistelmää voi lämpimästi suositella.

1 Helsinki – Cortina

Lentomme Helsingistä Venetsiaan lähti aikaisin sunnuntaiaamuna 12.7.2005. Samassa lentokoneessa oli myös jonkin matkanjärjestäjän vaellusporukka. Ryhmän jäsenet eivät näyttäneet tuntevan toisiaan etukäteen. Itse en ole vaellusretkiä tuntemattomien kanssa tehnyt. Eipä silti, en ole kyllä millään muullakaan ryhmämatkalla käynyt. Jokainen siis tavallaan ja sosiaaliset yksinkävelijät erikseen. Edellistä kirjaani koskenut Retki-lehden artikkeli oli nimittäin otsikoitu mielestäni hyvin osuvasti: "Sosiaalinen yksinkävelijä".

Sinänsä ymmärrän täysin ryhmämatkoilla käymistä. Niissä on kaikki valmiiksi suunniteltua ja useimmiten myös testattua, jolloin matkalainen voi vain nauttia olostaan turvallisesti miettimättä koko ajan, mitä tehdään ja miten, puhumattakaan reitin valinnasta ja suunnittelusta. Toisaalta juuri tämä osuus on omalta kannaltani olennainen osa matkaa. Aloitan reissun suunnittelun jo vuoden vaihteessa päättämällä reitin sekä tilaamalla lennot ja tarvittavat kartat ja reittikuvaukset. Kaikkea ei kuitenkaan voi suunnitella, vaan jokaisena matkapäivänä tulee eteen valintoja, selvitettäviä asioita ja yllättäviä tilanteita. Ne pitää itse yksi kerrallaan ratkaista, mikä tekee matkanteosta pienen seikkailun, mikä toivottavasti tästäkin kirjasta välittyy.

Lentokoneessa oli myös lapsiperheitä menossa etelän lomalle. Takanamme matkusti nuori pariskunta noin 6-vuotiaan tytön kanssa. Tyttö kitisi koko matkan ajan tyyliin "Mitä mä nyt teen!" ja roikkui penkissäni. Ei kovin leppoisa loman aloitus. Onneksi oli MP3-soitin. Venetsian lentokentän aulassa oli hirveä ryysis. Tarkistettiin ensin, missä Cortinaan lähtevän bussin pysäkki oli. Olin ostanut bussiliput netistä pari päivää aikaisemmin. Matkan hinta oli varsin kohtuullinen, 20 euroa per henkilö. Lähdettiin etsimään jotain syötävää, kun aikaa bussin lähtöön oli puolitoista tuntia. Kassalla myyjä yritti antaa 20 eurosta takaisin ikään kuin olisin antanut 10 euroa. Ei mennyt läpi.

8

Hyvät lämmitetyt patongit. Lentokentän ravintolasta näkyi Venetsian silhuetti.

Oli mukava päästä lentokentän metelistä hiljaiseen ilmastoituun bussiin. Bussimatka oli hieman hämmentävä aloitus vaellusreissulle, kun alkumatkasta ikkunoista näkyi palmuja ja pari metriä korkeaa maissipeltoa. Puolet matkustajista (nuoriso) nukkui ja loput katsoivat maisemia. Sama jako meillä kahdella. Tällä kertaa matkaseurana oli siis 13-vuotias poikani. Pari vuotta hän oli jo halunnut mukaan, mutta reitit olivat olleet hänen ikäänsä nähden sen verran kovia, etten uskaltanut ottaa. Näistä vaelluksista olen kirjoittanut kirjat *Haute Route - vuoristovaellus Chamonix'sta Zermattiin* ja *GR5 - vuoristovaellus Chamonix'sta Nizzaan* (jotka on julkaistu myöhemmin kokoomateoksissa *Vaelluksia Sveitsin Alpeilla* ja *Vaellus Ranskan Alpeilla*).

Kun poika oli jo pitkään halunnut päästä mukaan, niin pitihän sellainen kiinnostus huomioida. Voi olla, että muutaman vuoden päästä vanhemman seura lomalla ei enää kiinnostakaan. Niinpä lähdimme matkaan yhdessä. Poika oli viime vuosina kasvanut pituutta ja urheillut siihen malliin, että arvelin kunnon riittävän. Hänellä oli jo kokemusta vuorilla olemisesta. Kolme vuotta sitten oltiin kierretty Tour du Mont Blancia yhdessä. Hyvin hän pärjäsi, kun miettii, että oli tuolloin vasta 10-vuotias. Parina sitä edellisenä vuonna tehtiin päivävaelluksia Itävallassa ja pari kertaa oltiin myös Tatralla, joten suurin piirtein hän tiesi, mihin oli lähdössä. Mukavalta tuntui itsestäkin, kun oltiin yhdessä liikkeellä. Ei ole mikään itsestäänselvyys, että lapsi on kiinnostunut vaelluksesta. Nuorimmaista poikaa en tänne toisi juuri siitä syystä, ettei häntä kiinnosta. Ehkä kiinnostus hänellä herää myöhemmin. Turha on pilata mukavaa harrastusta pakolla.

Cortinaan tultiin puoli kahden maissa reilun kahden tunnin bussimatkan jälkeen. Tutustuttiin kylän keskustaan ja löydettiin turisti-info ja sieltä ohjeet hotellille, jonne olin tehnyt huonevarauksen. Tämä reissu eroaa aiemmista siinä, että olin jonkin verran tehnyt varauksia jo etukäteen. Aikaisemmilla reissuilla en ole varannut juuri mitään etukäteen, paluulentoa lukuun ottamatta. Nyt oli varattuna majapaikka kahdeksi ensimmäiseksi ja viimeiseksi yöksi, paluulento kolmen viikon päähän sekä kolme yöpymistä vuoristomajoissa eli noin viikko kolmesta oli etukäteen varattuna. Ehkä sitä miettii asiat vähän valmiimmiksi, kun on lapsi mukana.

Saapuessamme melkein kaikki kaupat olivat Cortinassa kiinni, kuten Etelä-Euroopassa puolen päivän jälkeen on tapana. Yksi pieni kauppa oli kuitenkin auki. Sieltä ostettiin vähän eväitä. Hotelli löytyi keskustan ulkopuolelta pienen kävelymatkan päästä. Hotelli oli mukava, mutta ehkä jo paremmat päivänsä nähnyt - kuten minäkin. Kysyttiin hotellin respan ystävälliseltä nuorelta naiselta kabiinihissistä, joka oli nähty matkalla. Se olisi kuulemma auki puoli kuuteen. Sitähän pitäisi kokeilla, kun oli näin hyvä sääkin. Aurinko paistoi ja lämmintä oli yli 30 astetta. Kysyttiin myös neuvoja huomisten bussireittien osalta. Vietiin reput huoneeseen, syötiin eväät ja lähdettiin etsimään hissiasemaa. Siellä saatiin kuulla, että ylhäällä ehtisi olla vajaan tunnin, jos tulee viimeisellä hissillä alas. Hissiliput maksoivat yhteensä 50 euroa. Päätin, että mennään nyt, niin ei tarvitse myöhemmin sovittaa tätä aikatauluihin tai katua, ettei käyty.

Puoli tuntia ja kolme hissilinjaa myöhemmin olimme huimissa maisemissa Tofanan hissiasemalla 3191 metrissä. Sen lähellä on yksi Dolomiittien korkeimmista huipuista. Ylhäällä oli yllättävän lämmintä eikä tuullut lainkaan. Muutama vuosi sitten käytiin saman pojan ja isäni kanssa Itävallan Hintertuxissa, lähellä Mayrhofenia, jossa korkeutta yläasemalla oli suurin piirtein saman verran. Siellä oli kuitenkin tuolloin täysi talvi. Käytiin jääluolissa ja laskettelin ylemmillä rinteillä – heinäkuussa! Mutta täällä samoissa korkeuksissa oli nyt kesä.

Hissiaseman läheltä lähti *Via ferrata* -reitti. Sillä tarkoitetaan lyhyesti sanottuna vaikeakulkuista reittiä, jossa pitää tukeutua vaijereihin ja muihin maastoon tehtyihin tukiin. Yleensä niillä tarvitaan valjaat ja kypärä. Niin tälläkin reitillä, joka oli poikkeuksellisen korkealla. Meillä ei ollut aikomusta lähteä sellaisia kokeilemaan tällä reissulla eikä meillä ollut siihen välineitäkään.

Hissiasemalta saattoi nousta ilman varusteita vielä joitakin kymmeniä metrejä ylempänä olevalle huipulle, ensin rappuja ja sitten kivikkoista polkua pitkin. Lähdetiin siihen suuntaan reippain askelin, kun aikaa ennen laaksoon lähtevää viimeistä hissiä oli vähän. Montaa askelta ei kuitenkaan ehtinyt ottaa, kun alkoi huimata. Yli kolmen tonnin korkeus yhdistettynä nopeaan nousuun hissillä laaksosta vaikutti näköjään selvästi hapenottokykyyn. Tältä varmaan vanhuksista tuntuu, kun he sanovat, että huimaa.

Ottaessamme siinä pakolliset "täällä käytiin"-valokuvat kuulimme yllättäen outoa, matalaa ääntä. Katsottiin jyrkänteen huipulle, jossa oli mies soittamassa torvea. Noin kolme metriä pitkän torven ja miehen silhuetti taivasta vasten näytti vuoren huipulla näissä maisemissa vaikuttavalta ja epätodelliselta. Ääni kaikui yllättävän hyvin ympäröivistä vuorista. Kiipesin itsekin tuolle huipulle. Poika jäi vähän alemmas. Huipulta ei ollut näköestettä mihinkään suuntaan. Oli hieno kokemus nähdä tämä paikka kirkkaassa auringonpaisteessa.

Tultiin viimeisellä hissillä takaisin Cortinan kylään. Erään talon seinässä näimme vuoden 1956 Cortinan talviolympialaisiin liittyviä vanhoja mustavalkoisia kuvia, samantyyppisiä kuin vuoden 1952 kisoihin rakennetussa Kisahallissa Helsingissä. Tämä paikka oli noissa talviolympialaisissa käytetty jäähalli. Nyt sen jäällä oli juuri ja juuri pystyssä pysyviä turisteja. Hallissa on erikoinen, tummasta puusta rakennettu katsomo. Täällä on kuvattu James Bond -elokuvan *Erittäin salainen* kohtaus, jossa jääkiekkoilijat yrittävät taklata Roger

11

Mooren kumoon. Huonostihan pahisten tietysti käy. Saman leffan legendaarinen alppihiihtokohtaus on myös kuvattu näissä maisemissa. Käppäiltiin Cortinan viihtyisää kävelykatua ja päätettiin syödä pizzat. Poika kysyi yhden ruokalistassa olleen pizzan sisältöä. Ei ole koskaan tuo italian kieli ollut opinto-ohjelmassa, vaikka aika monta kieltä olen yrittänytkin vaihtelevin tuloksin opetella. Tietämättömyys ei kuitenkaan tätä nuorta miestä haitannut, koska hän tilasi juuri tuon pizzan, jonka nimeä emme kumpikaan kyenneet edes lausumaan. En tiedä vieläkään, mitä pizzassa oli, jotain vihannesmuusia se muistutti, mutta syödyksi tuli. Juotavaksi otin lasin valkkaria ja poika jääteetä, yhteensä 28 euroa.

Hinnan osalta voi selvyyden vuoksi todeta, että tässäkin kirjassa olen pyrkinyt kertomaan varsin tarkkaan, mitä syötiin ja paljonko se maksoi, koska arvelen tällaisten tietojen olevan hyödyllisiä matkan budjetoinnissa. Sama koskee myös yöpymisen ja muiden keskeisten ostosten hintaa. Ruokia tuon esille toki myös siksi, että se on olennainen osa matkailua, varsinkin Italiassa.

Käveltiin kämpille, jossa järjestettiin reppujen sisältöä uudelleen. Olin ottanut lennon ajaksi pojan pienemmän 33 litran repun käsimatkatavaroihin ja pakannut siihen isommasta repusta sellaiset tavarat, joiden tilalle olisi vaikea hankkia vastaavaa tilalle, jos ruumaan menevä reppu menee hukkateille. Vaellukselle lähdettäessä pojan repulla on painoa noin 5 kiloa ja omassani kymmenen enemmän. Siihen päälle vielä muutama litraa juotavaa ja eväät, niin kannettavaa meillä oli reilusti yli 20 kiloa. Liikaa, tiedän. Olihan siellä repussa toki vaelluksen kannalta tarpeetontakin tavaraa, kuten neljä kirjaa, mutta kirjat kannan mielelläni siihen asti, kun olen ne lukenut, minkä jälkeen jätän ne majalle. Majoilla on sinne saapumisen ja illallisen välillä hyvin aikaa lukemiselle. Nykyisin tosin tästä ajasta suuri osa kuluu näiden muistiinpanojen kirjoittamiseen. Kysyin pojalta aamulla kentällä, että onhan tällä varmasti riittävästi lukemista.

Hän valitsi kioskista Steve Jobbsin elämäkerran, mitä lukikin tarkkaan ja moneen kertaan. Mielenkiintoinen kirja, josta riitti keskusteltavaa reitin varrella useina päivinä.

Taustatiedoksi vielä, että minulla ei ole ollut mukana tablettia (käyttäisin sanaa pädi, mutta kun se tarkoittaa myös kalliokiipeilyssä eli boulderoinnissa käytettävää patjaa, jätän tässä yhteydessä käyttämättä) tai tietokonetta vaelluksilla, vaikka niitä nykyisin majoilla näkeekin. Ehkä olen tässä(kin) suhteessa vanhan liiton miehiä, kun ei ole muodostunut tapaa käyttää tablettia edes kotona. Tablettiin saisi ladattua luettavaa ja se voisi olla vaelluksella muutenkin hyödyllinen, kun aina silloin tällöin on tarvetta tarkistaa jotain. Nykyisin siihen tosin riittää kännykkä. Toisaalta, sitä tulee selattua helposti liikaa. Luulen, että töistä ja arkirutiineista irtaantuminen, joka on yksi tällaisen pidemmän vaelluksen parhaita puolia, ei toimi niin hyvin, jos tulee selattua netistä sähköpostia ja suomalaisia lehtiä. Arkielämästä eristyksissä oleminen toimii ainakin minulla erinomaisena akkujen lataamisena. Ei pyöri työasiat tai uutiset mielessä. Kun en käyttänyt tällä reissulla myöskään sosiaalista mediaa, ei ollut tarvetta seurata päivityksiä tai tehdä niitä itse esimerkiksi matkan tapahtumista. Tämä kirja toimikoon minun päivityksenä tältä reissulta.

13

2   Cortina – Rifugio Locatelli

Noustiin seitsemältä hyvin nukutun yön jälkeen. Aamupalapöydässä ei puoli kahdeksalta vielä muita näkynyt. Majoitus aamupaloineen maksoi meiltä yhteensä 90 euroa. Hyvän aamupalan jälkeen käveltiin bussiasemalle vanhan junaradan pohjalle tehtyä kävelytietä. Cortinaan tuli 1960 luvulle saakka juna. Nyt radan tilalla on tämä viihtyisä kylän yläpuolella kulkeva kävelytie.

Bussiasemalla, joka on entinen rautatieasema, oli muutama kymmenen ihmistä odottamassa busseja. Hotellista olin saanut tiedon bussista, jolla päästäisiin lähemmäs reittiä. Nyt piti löytää oikea pysäkki ja liput. Kyselemällä selvisi, että lippuja voisi ostaa läheisestä kioskista. Siellä kuitenkin sanottiin, ettei lippuja enää ole. Se ei kuulostanut hyvältä. Palasin pysäkille, johon oli muodostunut jonoa.

Pysäkillä oli yllättäen myös suomalaisia, ehkä eilen samalla lennolla tullut ryhmä. Jututin pysäkin viereisessä pystybaarissa kahvia juomassa ollutta vaellusryhmän vetäjää. Mies ehdotti meille neljän tunnin vaellusreittiä suunnalla, jonne olimme menossa ja näytti sen kartaltani. Onneksi oli tullut hankittua reittikuvaukset ja kartat hyvissä ajoin ja tutkittua niitä siten, että saatoin nyt tässä parin minuutin pikapalaverissa keskustella uudesta reitistä kartan ääressä. Reittimme oli nimittäin vielä tuona aamuna hieman hakusessa, kun emme olleet aloittamassa vaellusta kohdasta, josta olin alun perin suunnitellut. Turisti-infossa oli edellisenä päivänä nimittäin todettu, että suunnittelemani reitin aloituskohta olisi aika kaukana eikä sinne vievistä busseista osattu sanoa mitään kovin varmaa.

Kartoista voi todeta sen verran, että olin tilannut niitä Italiasta netin kautta yhteensä seitsemän kappaletta. Täällä Cortinan alueella käytin reittikuvauksena Ciceronen kustantamaa kirjaa *Walking in the Dolomites* ja siinä mainittuja karttoja. Varsinaisella AV2-reitillä käytin Ciceronen kirjaa *Trekking in the Dolomites* ja siinä todettuja karttoja. Muitakin reittikuvauksia on, ainakin saksaksi.

Bussipysäkillä tapaamaltani suomalaismieheltä sain myös kuulla, että bussilippuja voi ostaa kuskilta, vaikka ne kioskista olivatkin loppuneet. Suomalaisryhmä lähti toisella bussilla eri suuntaan, joten emme ehtineet kovin paljoa heitä jututtaa. Olisi ollut mukava kuulla heidän kokemuksistaan ja suunnitelmistaan enemmän.

Bussikuski myi lippuja yksi kerrallaan samalla hitaasti selittäen jokaiselle ostajalle jotain italiaksi. Ajattelin, että tässä menee ikuisuus, jos hän tekee saman kaikille. Onneksi suurimmalla osalla oli jo liput valmiina ja ohjeet tiedossa. Bussikuski korjaili vielä jonkun matkustajan pyynnöstä ikkunaverhoa pitkälle sen jälkeen, kun aikataulun mukainen lähtöaika oli mennyt. Katselin tuota kiireettömyyttä ja ajattelin, että tätä tilannetta on vaikea kuvitella tapahtuvan Suomessa. Kiinnitin huomiota aikatauluun siksi, että meidän tulisi vaihtaa bussia ylempänä laaksossa ja bussien aikataulut näyttivät olevan toisiinsa kytköksissä.

Bussi ajoi erittäin mutkaista tietä Cortinasta (1200 m) ylemmäs vuorille. Uskomatonta, että tämä suurikokoinen bussi mahtui niihin kaikkiin mutkiin. Kuski oli sanonut jotain vaihdosta Misurina-nimisessä paikassa. Sen lähestyessä näin perässämme tulevan bussin, jossa luki Auronzo. Se oli meidän määränpää. Kun järvi tuli näkyviin, jäimme parin muun matkustajan kanssa pois.

Pysäytin seuraavan bussin. Siinä ei ollut lainkaan matkustajia. Kuski ihmetteli ja alkoi puhua kovaan ääneen ja suurella tunteella. Sanoja en ymmärtänyt mutta vapaasti suomennettuna hän sanoi varmaan aika tarkkaan, että, mitä ihmettä te pölvästit kohellatte, vasta seuraavalla pysäkillä on vaihtopaikka, tämä bussi ei todellakaan mene Auronzoon, vaan tulee sieltä! No, hän armahti meidät, otti kyytiin ja vei meidät seuraavalle pysäkille, jossa näkyi edellinen bussimme, samoin kuin kolmas bussi. Väkeä pysäkillä oli kuitenkin paljon enemmän kuin tuohon kolmanteen mahtuisi.

Menin taas kyselemään tyhmiä, tällä kertaa edellisen bussin kuskilta, joka seisoi matkustajista tyhjentyneen bussinsa keskiovella. Kysyessäni miten pääsisi Auronzoon, hän alkoi yllätyksekseni myydä lippuja ja sanoi, että menkää näillä kolmanteen bussiin. Muutkin hoksasivat tämän spontaanisti avautuneen lippuluukun ja pian takanani oli pitkä jono. Taas onnisti. Siirryttiin kolmanteen bussiin, jossa oli vielä muutama paikka jäljellä. Se lähti jatkamaan matkaa Misurina-järveltä (1754 m) kohti Auronzoa (2333 m).

Auronzon pysäkin vieressä oli laaja maksullinen parkkipaikka. Alempana tiellä olin nähnyt tietullien maksupaikan. Hinnaston perustella näytti olevan aika kallista tulla tänne luonnonsuojelualueelle omalla autolla, mutta periaatteessa se oli kuitenkin mahdollista. Parkkipaikan lisäksi Auronzossa on yksi iso talo, jossa toimii saman niminen vuoristomaja ja ravintola. Ei jääty kuitenkaan sitä ihmettelemään, vaan lähdettiin kävelemään, sitä vartenhan tänne oli tultu. Ottaessani sauvoja esille vedin yhden vanhemman jumiin jääneen teleskooppisauvan pidemmäksi, jolloin koko kiristysjärjestelmä tuli putkesta ulos ja sauva oli sen jälkeen käyttökelvoton. Se meni roskiin. Jaettiin kaksi jäljellä olevaa sauvaa keskenämme ja näin mentiin koko loppumatka. Yleensä käytän kahta sauvaa vaeltaessani, poika taas vain yhtä.

Aluksi reitti oli leveä ja tasainen eikä sillä olisi vaikeuksia edes rollaattorin kanssa liikkuessa. Jylhät kalliomaisemat olivat mykistävät ja paranivat koko ajan. Parinkymmenen minuutin jälkeen saavuttiin Rifugio Lavaredolle (2344 m). Tästä reitti jakaantuu kahtia siten, että toinen menee suoraan Rifugio Locatellille, jossa meidän oli tarkoitus yöpyä, ja toinen pidemmälle reitille, josta pääsee tässä luonnonpuistossa eri suuntiin. Aiemmin tapaamani avuliaan suomalaisoppaan mukaan kiertoreitin kautta pääsisi Locatellille noin neljän tunnin kävelyn jälkeen. Tämä vaikutti sopivalta näin ensimmäiselle päivälle.

Taivas oli pilvinen ja siellä täällä hyvin tumma. Cortinassa oltiin nähty kaksi säätiedotusta, joista toisen mukaan tulee pilvistä ja toisen mukaan sadetta. Kummassakaan ei ollut kuitenkaan ukkosta ja sää oli aamulla hyvä. Näillä tiedoin uskallettiin lähteä reitille. Reitti laskeutui leveänä ja tasaisena alas laaksoon, josta se nousee vaikuttavan näköisen kallionharjanteen päälle. Reitissä oli sopivasti nousua ja laskua. Parin tunnin jälkeen tultiin Rifugio Pian di Sengialle (2528 m). Maja on erikoisessa paikassa kallioiden keskellä. Oli tarkoitus syödä siellä ihan kunnon ruokaa, mutta tilattiinkin isot lätyt hillolla. Pojille vailla valvontaa käy joskus näin. Syötiin aivan erinomaiset lätyt, juotiin teetä ja ostettiin puolitoista litraa vettä. Tämä ruokailu ei ollut halvimmasta päästä (30 e). Poika huomasi, että majalla oli mahdollista käyttää myös wifiä (2,5 e/15 min). Nykyaikaa.

Maisemat olivat upeat. Viimeinen tunti mentiin ensin jonkin matkaa alas, minkä jälkeen korkeuskäyrän mukaisesti Rifugio Locatellille (2438 m). Se on kuuluisan Tre Cime kallion edessä. Käsittääkseni Tre Cime on Italiassa kaikkien tuntema näkymä Dolomiiteilta enkä ihmettele. Näillä paikkeilla oli parhaita maisemia, joita olen vaelluksilla tähän mennessä nähnyt. On tässä sentään jotain maisemia jo ehditty nähdäkin, kun oli menossa yhdestoista kesä peräkkäin, kun käyn vuorilla.

Majan respassa löytyi pienen etsinnän jälkeen netin kautta tekemäni varaus nimellä Petteri. Saatiin kolmannen kerroksen makuusalista yläpedit nro 5 ja 7. Niiden vieressä on katon rajassa ikkuna, josta näkyy suoraan Tre Cimen kalliot. Tästä ei yöpaikan maisemat parane, väitän minä. Huoneessa yöpyi noin 15 henkeä, enimmäkseen kiipeilijöitä, jotka tulevat tänne Via ferratalle. Lähes kaikilla huoneessa olleilla meitä lukuun ottamatta oli valjaat, köydet ja kypärät mukana.

17

Kävin suihkussa, jossa oli tarjolla viisi minuuttia lämmintä vettä viiden euron hintaan. Teki hyvää. Pojan kanssa käveltiin vielä majan lähiympäristössä, jossa on muun muassa pieniä luolia ja kappeli. Latasin ravintolan pistokkeessa puhelimen. Ei ollut kuitenkaan kenttää. Myöhemmin illalla puhelin toimi taas. Kirjoitin näitä muisteloita parilta päivältä ja valmista tuli juuri ennen kuudelta alkavaa illallista. Poika luki kirjaansa kahvilassa.

Illallisella meidät oli plaseerattu samaan pöytään vanhemman italialaisen pariskunnan kanssa. He olivat käyneet viereisen hurjan näköisen vuoren Via ferratan, joka nousee kuulemma yli 2700 metriin. Tämä maja on vajaassa 2500 metrissä. Tämän aivan tavallisen näköisen, iältään noin viisikymppisen pariskunnan harrastus oli aikamoinen yllätys, kun he eivät vaikuttaneet miltään urheilullisilta kiipeilijöiltä. Mies tosin totesi, että ei se niin vaikea reitti ole, mutta kyllä se nyt jotain vaatii. Reitti kulkee kuulemma kallion läpi ensimmäisen maailmansodan aikaista tunnelia. Mukavia ihmisiä, kotoisin Riminiltä. Juteltiin reittisuunnitelmista. Olivat olleet myös Alta Vialla, mutta eivät enää halua tai jaksa kantaa niin pitkään niin paljon tavaraa.

Samassa pöydässä istui myös kaksi nuorta belgialaismiestä, jotka aikoivat lähteä AV1:lle. Tulivat kuitenkin ensin käymään täällä Tre Cimen maisemissa, kuten mekin. Olivat ajaneet edellisenä päivänä 11 tuntia Belgiasta suoraan lähellä olevaan Dobbiacon kylään, josta olivat tänään nousseet tänne majalle. Toinen belgialaisista oli ensimmäistä kertaa vuorilla. Hän vaikutti ihan hyvältä tyypiltä, mutta hän ei puhunut juuri mitään. Toinen oli sellainen nuoruuden itsevarmuutta puhkuva kaveri, joka katkaisi usein toisen lauseen jo puolivälissä tyyliin, että hän tietää ja jatkoi kertomalla jonkin oman tarinansa. Ei hänkään ollut käynyt Alpeilla kuin kerran, jolloin oli kertomansa mukaan kulkenut jonkin Via ferratan, joka näytti tekevän pöydässä istuneisiin italialaisiinkin suuren vaikutuksen. Jäi vähän sellainen kuva, että ehkä hänellä oli tarvetta esittää kaverille vähän kokeneempaa ja tietävämpää kuin olikaan.

Ruokailu oli järjestetty niin, että jokainen sai valita kahdesta vaihtoehdosta alku-, pää- ja jälkiruuan. Otettiin aluksi pelmenejä jollain vihannestäytteellä. Pääruuaksi otin ribsejä ja jälkiruuaksi jonkin leivoksen, poika valtavan pihvin ja muffinssin. Hyvin tuli siis tänään syötyä.

Tre Cime

19

Rifugio Locatelli

3   Rifugio Locatelli – Brixen

Olipa elämys herätä sängystä näkyvään maisemaan: Tre Cimen kalliot aamuauringossa. Kolme valtavaa kivipaasia, joiden huiput ovat yli 2700 metrin korkeudessa ja joiden pystysuorat seinämät ovat useamman sata metriä korkeat. Jos fantasiakirjailija ei tuosta näkymästä löydä ideoita, niin parempi vaihtaa alaa. Poika kertoi eilen kävellessä, mitä *Taru sormusten herrasta* -kirjan laaksoa mikäkin läpi kävelemämme laakso muistutti. Dolomiitit ovat maisemiltaan todella poikkeuksellinen vuoristo.

Herätessämme seitsemältä aika moni oli jo noussut ja lähtenyt huoneesta. Aamupala oli ihan hyvä: leipää, juustoa, kinkkua, hilloa ja kahvia. Puolihoito, johon kuului illallinen ja aamupala, maksoi yhteensä meiltä kahdelta 97 euroa. Aamupalalle tuli samoihin aikoihin myös eilen tapaamamme italialainen pariskunta. Oli taas mukava jutella. He olivat vaeltaneet AV2:lla, jolle olimme lähdössä, ja kehuivat kovasti reitin maisemia. Nyt heillä oli suunnitelmissa jatkaa pari päivää näissä maisemissa. Belgialaiset tulivat kolme varttia myöhemmin pöytään juuri kun olimme lähdössä. Hyvä ajoitus. Ei oikein olisi jaksanut besserwisser-keskustelua heti aamusta.

Italialaisen miehen eilisistä kertomuksista innostuneena lähdettiin pojan kanssa katsomaan reittiä, joka vie läheiselle Via ferratalle. Olipa reitti! Se kulkee pitkin kapeita ja matalia tunneleita, jotka on louhittu vuoren sisään ensimmäisen maailmansodan aikana. On ollut kovaa hommaa käydä sotaa kahden ja puolen kilometrin korkeudessa näissä kalliomaisemissa. Tunnelireitti kiemurtelee vuorenharjanteen päällä ja sisällä hyvin kapeassa kohdassa. Tänne ei äiti poikaansa päästäisi, joten en kertonut, että käytiin kuitenkin.

Reitillä tuli eteen hyvin jyrkkä nousu, johon oli tehty lankuista portaat. Reitti nousee ylös täysin pimeässä keskellä vuorta. Tämän jätin väliin, vaikka meillä olikin otsalamput. Ei tiennyt, kuinka pitkä tunneli on

21

enkä viitsinyt jättää poikaa yksin odottamaan, että kävisin ensin katsomassa. Häntä en sinne olisi missään nimessä vienyt, kun ei ollut kypäriä, kuten meidät ohittaneilla Via ferratalle suuntaavilla kiipeilijöillä. Käytiin kuitenkin aika pitkällä. Näkymät täältä olivat todella hienot, kun sai kuviin myös Tre Cimen pilvenpiirtäjän kokoiset kivitornit.

Huomattiin, että sama Cortinan lähellä olevalla huipulla aiemmin soittanut kaveri viritteli torveaan lähellä meitä. Pian hänen aamujaminsa alkoivatkin harjanteen uloimmalla reunalla, josta on suora näköyhteys Locatellin majalle. Torvi oli kokoontaitettavaa mallia. Juttelin hänen kanssaan ja sain kuulla, että hän oli kotoisin Sveitsistä. Hän piti mielellään tauon, kun sai samalla itsestään hänen kamerallaan ottamani kuvan. Mukava lomakuva, jossa hän soittaa vuoren huipulla alppitorveaan ja taustalla näkyy Tre Cime. Kerroin, että oltiin oltu hänen konsertissaan jo toissa päivänä ja että tämä artistin seuraaminen konsertista toiseen alkaa muistuttaa jo vakavaa fanitusta.

Koska tarkoitus oli aloittaa varsinainen vaellus seuraavana päivänä paljon kauempana olevasta Brixenistä, lähdettiin siirtymään sinne. Päädyttiin kävelemään toiseen laaksoon pohjoisen puolelle, jolloin nähtäisiin samalla uusia maisemia sen sijaan, että palattaisiin Cortinaan. Tämä oli reitti, jota olin alun perin ajatellut tulla edellisenä päivänä ylös matkalla Rifugio Locatellille. Nyt kuljettaisiin se siis toiseen suuntaan. Harkittiin myös laskeutumista tuohon laaksoon suorempaa reittiä, mutta haluttiin vähän vaeltaakin. Matkalla nähtiin tuttu italialainen pariskunta, joiden kanssa vaihdettiin pari sanaa. Vastaan tulivat myös belgialaiset nuoret miehet, jotka eivät näköjään olleetkaan lähteneet pitkälle reitille, josta toinen puhui vielä eilen itsevarmaan tyyliin. Jatkettiin alas Rifugio Comicin (2153 m) suuntaan. Se olikin kauempana kuin olin kartan perusteella arvioinut. Jyrkästi laskeutuva ja huonokuntoinen polku oli täynnä isompaa ja pienepää kiveä. Kulku hidastui.

Comicin majalla söin gulassia ja poika spagettia. Päätettiin kokeilla uusia juomia. Listalta löytyi pari, joiden nimistä ei voinut päätellä mitä ne ovat, joten tilattiin tietysti ne. Poika otti Holunder-Schorlen. Tämä erinomainen hellejuoma on useimmiten hiilihapotetun veden, limen tai sitruunan ja seljanmarjatiivisteen sekoitusta. Sitä myydään myös Holudersaftin nimellä. Itse otin Skiwasserin, joka osoittautui vadelmamehuksi. Hyvää sekin, vaikkakin liian makeaa minun makuuni. Majan terassilta, jossa syötiin, oli aivan erinomaiset näkymät ympäröiville vuoren rinteille. Tavattiin vielä kerran italialainen pariskunta, jotka jatkoivat vuoren takana olevaa toista laaksoa kohti.

Me jatkettiin alaspäin ajatellen, että eihän tässä ole enää kuin pikku pätkä kuljettavaa. Mitä vielä! Edessä oli jyrkkä louhikko, joka ei meinannut loppua millään. Vähän kävi sääliksi vastaan tulleita mäkeä ylös kiipeäviä vaeltajia, joilla ei välttämättä ollut aavistusta, minkälainen reitti oli vielä edessä. Tämä on ylöspäin kuljettuna se sama reitti, jota ajattelin Cortinaan saapuessani kulkea Locatellin majalle ja jolle pääsemistä kysyin turisti-infosta huonoin tuloksin. Olisi ollut totaalisen huono aloitus tälle lomalle, jos niin oltaisiin tehty. Onneksi valittiin toinen vaihtoehto eli bussi Cortinasta Auronzon majalle. Kiitokset hotellin respalle, joka neuvoi käyttämään tätä vaihtoehtoa. Olisihan me tuokin mäki tietysti ylös noustu, mutta se ei olisi ollut totuttelukävely ennen varsinaista reittiä, mikä tämän Tre Cimen alueen parin päivän vaelluksen tarkoitus osaltaan oli - maisemien näkemisen lisäksi.

Loppuihan se louhikkoinen alamäki viimein. Laaksossa oli tolkuttoman kuuma. Poika alkoi näyttää vähän uupuneelta. Tultiin lopulta parkkipaikalle, jossa oli myös bussipysäkki. Jes! Siellä oli myös lähialueen bussien reittikaavio, mistä oli suuri apu, vaikka aluksi sen lukeminen aiheutti lähinnä epätoivoa. En nimittäin löytänyt siitä Bressanonea tai saksaksi Brixeniä, jonne piti tänään päästä. Kaivoin repusta Pohjois-Italian kartan, josta huomasin, että nyt onkin vähän eri

23

mittakaavat kartoissa. Sinne oli yllättävän pitkä matka täältä laakson perältä. No, asia kerrallaan. Ensin mennään tällä bussilla niin pitkälle kuin päästään.

Bussi tulikin jo varttitunnin päästä, mikä oli suuri helpotus siinä helteessä. Eipä sillä kuitenkaan kovin pitkälle päästy, vain reilun kymmenen minuutin matka seuraavaan Seston kylään. Näin liikennemerkin, jonka mukaan Itävaltaan oli matkaa vain 10 kilometriä. Kuski sanoi, että tämä on päättäri, mutta kolmen minuutin päästä tulee toinen bussi, jolla pääsee Dobbiacoon. Bussipysäkillä oli vesipiste, jossa poika kasteli tyytyväisenä päänsä ja täytti vesipullot, kun muutkin ohikulkijat näyttivät sitä juovan. Siinä bussia kytätessä huomasin, että sauvat jäivät edelliseen bussiin. Voihan hemmetti! No, ei sille enää mitään voinut. Harmittelun ja syiden etsimisen sijaan päätin keskittyä asioihin, joille voi tehdä jotain eli bussikyytiin.

Bussi tulikin, mutta se kulki vain hyvin lyhyen matkan Dobbiacoon, joka oli yllättäen aivan lähellä. Päättärillä oli pari muuta bussia. Yhden taulussa luki Lago di Braies. Muistin, että sieltä lähtee AV1-reitti. Kysyin toisen bussin kuskilta, pääseekö bussilla Bressanonen suuntaan. Hän sanoi, että kyllä ja jonkin paikan nimen. Ajettiin sinne ja kuski näytti, että tuota katua eteenpäin ja pääsette junaan. Suuret kiitokset! Kylän nimeksi paljastui Niederdorf. Kolmeen bussimatkaan kului meiltä kahdelta yhteensä 16 euroa eli kohtuuhinta, mutta tulihan sille toisaalta hintaa, kun sauvat hävisivät. Maksoin niistä toissakesänä satasen Sveitsissä, jossa kävi samoin edellisten sauvojen kanssa.

Kylän aukiolla oli pankkiautomaatti, josta nostin rahaa, kun tiesin kokemuksesta, että vuoristomajoilla ei pelkällä pankkikortilla pärjää. Löytyi myös paperikauppa, josta ostin varalle pari muistiinpanovihkoa, kun tätä tekstiä tuntuu riittävän. Pitäisi varmaan tehdä jokin yksinkertaisempi reissu, niin säästyisi mustetta ja paperia. Aukiolta löytyi myös urheiluliike, josta ostin sauvat. En raaskinut ostaa samanlaisia, jotka hukattiin, kun ne olisivat maksaneet 109

24

euroa. Ostin halpisversion 39 eurolla. Niissä on vanhanmallinen kierrekiinnitys, kun kalliimmissa olisi ollut lukot. Katsotaan nyt kuinka pitkään kestävät. Epäilen, että menevät ennemmin hukkaan kuin rikki.

Käveltiin juna-asemalle, jossa erittäin ystävällinen ja avulias nuori nainen neuvoi, kuinka junalla pääsee Bressanoneen. Hän auttoi myös lipun ostamisessa. Se olisi jäänyt itseltä ostamatta. Lippuautomaatti teki nimittäin sen verran monta kysymystä ennen kuin oikea lippu löytyi, että olisi usko loppunut kesken tai lippu olisi ollut vääräntyyppinen. Hyvä, kun saatiin apua lipun hankinnassa, sillä yksi pyöränsä kanssa junaan tullut matkustaja oli pulassa konnarin kanssa, kun ei ollut ostanut etukäteen lippua. Liput olivat kohtuuhintaiset, yli tunnin matka kahdelta maksoi 18 euroa.

Juna oli aivan uusi. Sen reitin toinen päättäri oli Itävallan Lienzissä. Myöhemmin, kun vaihdettiin toiseen, Italian sisäisen liikenteen junaan, taso laski selvästi sellaiseen likaiseen 70-luvun malliin, jossa omien ajatusten kuuleminen oli välillä haastavaa. Toinen juna kulki Brennerin solan rataa pitkin ja junaliikenne näytti olevan erittäin vilkasta. Samalla radalla pohjoisempana on Alppien läpi tehty junatunneli, joka yhdistää Pohjois- ja Etelä-Euroopan tavaravirrat, mikä selittää tavarajunien määrän. Junamatka oli yllättävän pitkä, yhteensä vaihto huomioiden melkein puolitoista tuntia. En ollut tätä ihan hahmottanut, vaikka täytyy myöntää, etten asiaa ollut juurikaan edes ajatellut. Aina ne käytännön asiat siirtymisessä paikasta toiseen ovat selvinneet, niin nytkin. Tultiin perille Bressanoneen eli Brixeniin kolmen bussimatkan, kahden junamatkan ja noin kolmen tunnin jälkeen.

Oltiin aika puhki. Päivä oli ollut suhteellisen raskas jo vaelluksen puolesta eikä sitä helpottanut yli 30 asteen helle ja seikkailu busseissa ja junissa. Oli siis tilausta pikaiselle yöpaikan löytämiselle. Juna-asemaa vastapäätä oli suuri keltainen talo, jonka seinässä hotellin kyltti. Mentiin sisään ja kysyttiin huoneen hintaa, joka oli kahdelta hengeltä aamupalalla 110 euroa. Päätettiin vielä katsoa, löytyisikö jokin halvempi vaihtoehto, vaikka eihän tuo 55 euroa per nenä nyt mikään mahdoton hinta ollut. Käveltiin ulos kadulle ja hotellin kulman ohi, josta nähtiin hotellin takana oleva suuri puutarha ja sen keskellä uima-allas. Katsottiin toisiamme ja kysyin pojalta, ajatteletko samaa kuin minä. Kun vastaus oli kyllä, käännyttiin kannoillamme ja palattiin hotelliin kysymään, kuuluuko uima-altaan käyttö yöpymisen hintaan. Kun vastaus oli "Naturlich", totesin: "Ja, wir nehmen das Zimmer, bitte".

Ystävällinen vanhempi rouva otti passeistamme tiedot ylös ja totesi "Finland freut mir" tai jotain sinne päin tarkoittaen, että pitää Suomesta. Hän kertoi lukeneensa Paasilinnaa, jonka hyvää ironian tajua hän kehui. Hän kysyi vielä (varmaankin repuistamme päätellen), olemmeko lähdössä Alta Vialle. Alkoi tuntua, että oltiin ihan oikeasti tervetulleita tähän hotelliin. Hän kertoi, että meidän kannattaa tutustua Brixenin kaupunkiin. Täällä kaikki bussikuskeista lähtien olivat käyttäneet kaupungista saksankielistä nimeä Brixen eikä italiankielistä Bressanonea. Kolmen päivän aikana olin huomannut, että lähes kaikki puhuvat täällä italian sijaan saksaa, mikä tuntui aluksi vähän oudolta, kun ollaan kuitenkin Italiassa. Historiallisesti tämä selittyy sillä, että tämä on ollut pitkään saksankielistä Itävallan aluetta. Silti asia vähän kummastutti, kun Itävallan keisarikunnasta on kuitenkin aikaa jo yli sata vuotta.

Rouva antoi meille Brixen-kortit, jotka kuuluivat yöpymisen hintaan. Niillä pääsisi kaupungin uimalaan, paikallisbusseihin ja ylemmäs vuorille vievään kabiinihissiin. Tämä kuulosti jo erinomaiselta ja yöpymisen hinta alkoi tuntua hyvinkin edulliselta.

Myöhemmin illalla jututin vielä hotellin rouvaa. Kysyin, kenen kuvia aulan seinällä on. Sain kuulla, että niissä on muun muassa hänen isoisänsä, joka perusti tämän hotellin vuonna 1892 ja että sama suku on pitänyt hotellia siitä lähtien. Nyt töissä olivat myös tämän rouvan lapsenlapset. Hotellin nimi, Jarulim, on sen perustajan nimi. Hän oli kotoisin Böömistä. Hotellin perustamisen aikaan tämä alue, kuten Böömikin, kuuluivat Itävallalle. Paikka oli tärkeä liikenteen solmukohta, koska myös tuolloin Brennerin sola oli merkittävä liikennereitti Etelä- ja Pohjois-Euroopan välillä. Kysyimme tietysti myös muita tärkeitä kysymyksiä, kuten mikä hotellin aulassa päivystävän koiran nimi on. Sen nimi oli Jaara, nimi tulee hotellin perustajan lempinimestä. Eli myös hotellin koiralla on varsin historiallinen tausta. Rouva kertoi koiran olevan jo 16-vuotias, mutta nuorentuvan merkittävästi päästessään vuorille juoksentelemaan. Tämä eläkeiässä oleva rouva aikoi muuten lähteä itsekin seuraavana päivänä vuorille vaeltamaan. Edellisenä vuonna Ranskassa totesin itsekin, että Alpeilla asuvat vanhemmat naiset voivat olla yllättävän kovakuntoisia.

Huoneen saatuamme pesin pyykit. T-paitoja ja alushousuja oli mukana 2 per mies, joten pyykkäys oli jokailtainen operaatio, jos haluaa seuraavan päivän iltana jotain puhdasta päälle pantavaa. Laitettiin pyykit ulos kuivumaan ja mentiin uimaan pihan uima-altaaseen. Tekipä hyvää kovan ja kuuman päivän jälkeen.

Virkistyneenä lähdimme kaupungille illallista etsimään. Se osoittautuikin yllättävän vaikeaksi tehtäväksi. Vanhan kaupungin sokkeloissa ei ravintolaa löytynyt, jätskikioskeja sitäkin enemmän. Juuri sulkemassa ollut pizzeria kuitenkin löytyi ja siinä syötiin. Saatiin valita jäljelle jääneistä slaisseista ja muista annoksista mieleiset. Söin jotain lihapiirakan tapaista ja poika otti lasagnea. Juotiin jääteetä ja meille tähän saakka tuntematonta Lime Sodaa. Se oli erittäin hyvää, kunhan laimentaa vedellä. Muuten se on liian makeaa. Erittäin puhelias myyjä antoi reilut annokset.

27

Brixenin kaupunki vaikutti mukavalta. Vanha kaupunki on rakentunut piispanlinnan ja suuren kirkon ympärille. Rakennuskannasta, joesta ja sijainnista päätellen kaupunki on ollut jo pitkään merkittävä paikka. Pääkadulla on vierekkäin keskiaikaisia taloja, joiden katutasossa on kaariholvein katettua avointa tilaa. Talojen eteen muodostuu niistä pitkiä käytäviä, jotka olivat keskiaikaiseen tapaan edelleen säältä suojassa olevaa kaupankäyntiin tarkoitettua tilaa. Palatessamme kaupungilta huomasimme, että ravintolat olivat keskittyneet yhdelle kadulle, jolle vievän kadun ohi olimme kävelleet. Hyvä tunnelma lämpimässä illassa.

Hotellilla yhdentoista maissa illalla poika tuli hampaat pestyään sanomaan, että kylppärin hana ei mene kiinni. Eipä tosiaan näyttänyt menevän. Kuuman veden hana meni kyllä kiinni, mutta kylmän veden hana näytti pyörivän tyhjää. Aivan loppuun saakka en uskaltanut sitä vääntää, kun arvelin, että jengat menevät lopullisesti rikki. Vettä tuli hanan täydeltä. Menin respaan ja kerroin ongelman rouvalle. Hän tuli katsomaan, mutta totesi, että hänellä ei ole voimia, kuten minulla, joten luultavasti hänestä ei ole suurta apua. Hän väänsi hanaa ja totesi saman kuin minäkin. Hän kuitenkin kokeili vielä uudelleen ja yllättäen vedentulo loppui. Hän nauroi ystävällisesti, että hän taitaakin olla minua voimakkaampi. Sellainen hento eläkeiässä oleva nainen, painoi tuskin viittäkymmentä kiloa. Oli vähän hölmö olo, mutta pääasia, että asia tuli kuntoon.

Tre Cime

4 Brixen – Plosehütte

Aamupala alkoi puoli kahdeksalta. Hyvät tarjoilut, kuten hotelleissa useimmiten on. Ajoin parran, kun poika alkoi kuittailla, että olisi jo aika. Tällä reissulla taitaa pysyä valvovan silmän alla tyylikkäämpänä kuin aikaisemmilla, joilla on saattanut päästä pientä lomaparran tynkää joskus kasvamaan.

Illalla olin päättänyt keventää repun painoa siinä määrin kuin se oli mahdollista. Jätin hotellihuoneen roskakoriin pipot ja hanskat, joille tällä reissulla ei näyttänyt olevan tarvetta. Olin tätä vähän aavistellen ottanut mukaan vanhat, joita kukaan ei jää kaipaamaan. Tyhjensin nestemäisen saippuan purkin pestessäni eilen pyykkiä. Olin ottanut sen mukaani, kun tiesin, että nestemäisellä saippualla pyykin käsipesu on paljon helpompaa kuin saippuapalan kanssa hinkkaaminen. Painoa nesteellä oli kuitenkin liikaa, joten ei jatkoon. Oli myös karttoja ja papereita, joita ei enää tällä reissulla tarvittaisi. Turhan tavaran kuskaamisessa vuoren rinnettä ylös ja alas ei ole pointtia. Näin repun paino pieneni yli puoli kiloa.

Jätettiin reput hotellin respaan ja lähdettiin kaupungille. Ensin vein postiin ylimääräiset tavarat. Tällä kertaa lähettämisessä ei ollut ongelmia. Edellisenä kesänä kävin Ranskan postin virkailijoiden kanssa erikoisia keskusteluja, joita olen kuvannut kirjassa *Vuoristovaellus Chamonix'sta Nizzaan* (julkaistu myöhemmin myös kirjassa *Vaellus Ranskan Alpeilla)*. Kysyivät esimerkiksi ihan vakavissaan eräässä postitoimistossa Ranskan Alpeilla, onko Suomi Euroopassa. Vastattuani, että totta kai, virkailija kysyi vielä varmistukseksi, että olenko aivan varma. Siinä vaiheessa aloin jo vähän itsekin epäillä. Perille kuitenkin tulivat, EU-postin taksalla.

Kuljeskeltiin Brixenin vanhassa kaupungissa - eilisestä viisastuneena kartan kanssa. Löytyi tori, jonka sivuilla on raatihuone ja barokkityylinen kirkko kaksine kellotorneineen. Sisältä se oli koristeellinen, muttei liikaa, kuten usein barokkikirkkojen kohdalla. Siellä oli menossa saksankielinen jumalanpalvelus, jota jäätiin kuuntelemaan joksikin aikaa. Pidin tunnelmasta. Ymmärsin suurin piirtein, mitä pappi sanoi. Saman huomasin myös joskus käydessäni Wienin katedraalissa. Kirkon takana oli puutarha, jonka istutuksia parhaillaan hoidettiin. Puutarhan ympärillä on vanha pylväskäytävä, jonka goottityyppinen katto on täynnä keskiaikaisia freskoja, osa rankkoja kuvauksia helvetistä. Viesti on mennyt varmasti lukutaidottomallekin perille. Tuli mieleen Firenzen Santa Maria Novellan kirkon maalaukset.

Vielä piti testata kaupungin uimala, johon meillä oli vaparit. Normihinta näytti olevan 20 euroa, joten saatiin ihan merkittävä etu yöpymisen yhteydessä annetulla Brixen-kortilla. Eikä ollut mikä tahansa uimala, vaan todella suuri alue, jossa oli altaita sekä sisällä että ulkona. Uin muutaman pätkän altaassa ja lojuin poreissa, poika laski liukumäkiä ja hyppi hyppytornista. Sisällä oli myös renkaan muotoinen allas, jossa pystyi kulkemaan virran mukana. Enimmäkseen kuitenkin vain laiskottelin aurinkotuolissa ja nautin lomasta. Tähän voisi helposti tottua!

Palattiin vanhan kaupungin kautta ja syötiin yhdessä leipomon kahvilassa patongit. Kokeiltiin taas uusia juomia, tällä kertaa granaattiomenamehua. Hyvää oli, kuten mehut täällä yleensäkin. Käytiin vielä kirkossa, kun jumalanpalvelus oli ohi ja pääsi vapaasti tutkimaan rakennuksen yksityiskohtia. On ollut tapana sytyttää kynttilä jossain kappelissa ennen vaellukselle lähtöä.

Hotellin edestä pääsee paikallisbussilla numero 321 hissiasemalle. Bussi nousi rinnettä yllättävän ylös kylän yläpuolelle. Brixen on noin 700 metrin korkeudella ja hissiasema, jonne bussi vie, on noin 1000 metrissä. Brixen-kortti kattoi uimalan lisäksi myös bussin ja kabiinihissin liput, joten oli päivänselvää, että käyttäisimme niitä, kun hissin yläasema menee reitin vierestä. Saattaa tosin olla, että oltaisi käytetty hissiä joka tapauksessa, koska se nostaa muutamassa minuutissa 1000 korkeusmetriä ylemmäs 2000 metriin enkä ole yleensä vaelluksilla nähnyt syytä kiivetä mäkeä ylös kohdasta, jonka yläpuolella kulkee hissi. Minulla ei ole tarvetta periaatteen vuoksi kävellä joka ikistä metriä reitillä. En lähde sinne suorittamaan. Yläasemalta päästiin aloittamaan vaellus AV2:lla. Tälle päivälle jäi lyhyehkö 500 korkeusmetrin nousu Plosehüttelle. Oli kuuma, mutta onneksi ylempänä tuuli vähän. Reitti oli siis pelkkää ylämäkeä noin 2500 metriin. Ei voi silti valittaa. Virallinen reittihän alkaa Brixenin rautatieasemalta, josta nousua Plosehüttelle oli 1900 korkeusmetriä! Luulot pois heti alussa. Meillä siis tuosta vain noin 500 korkeusmetriä. Veikkaisin, että valtaosa vaeltajista tekee tässä kohtaa, kuten mekin eli käyttää hissiä. Ainakin kaikki reitillä tapaamani olivat tehneet niin.

Majalla kävi ilmi, että olimme ainoat asiakkaat. Mikäpä siinä, kyllähän se käy, että minua varten pidetään auki vuoristomajaa henkilökohtaiseen käyttöön 2500 metrissä Italiassa! Jatkossa luvassa on yhteismajoitusta ihan riittävästi. Yksin täällä asiakkaana olemisen selittänee se, että tästä olisi helposti kävellyt myös seuraavan pätkän, jos olisi aloittanut aamulla. Moni jättää siis tämän Plosehütten väliin. Meillä tämä meni kuitenkin hyvin näin, kun päästiin kokeilemaan upeaa uimalaa ja tutustumaan Brixeniin. Majalla saatiin oma huone, josta oli näkymät Dolomiittien jyrkille huipuille.

Majan isännän kanssa juteltuani sain kuulla, että maja toimii pääasiallisesti talvella rinneravintolana ja hotellina. Kesällä on hiljaisempaa. Yöpyjiä on kuulemma enemmän viikonloppuisin. Poika vaikutti kaipaavan seuraa tällä tyhjällä majalla. Ymmärtäähän sen, mutta ei ollut huono päivä hänelläkään, kun pääsi vesipuistoon, jollaista ei Suomen leveysasteilta löydy. Se oli mielestäni vähintään vastaava kylpylä kuin Itävallan Bad Hofgasteinissa tai Ötzin laaksossa. Altaalla tuli mieleen saman pojan toteamus noin viitisen vuotta sitten aurinkoisen Bad Hofgasteinin ulkoaltaassa: "Tämä on elämää!"". Saman voisi sanoa myös jo tähän mennessä tällä reissulla koetusta.

Syötiin vihannesmakkarakeitot ja juotiin taas Holunder-Schorlet. Myöhemmin illalla kirjoittaessani näitä muistelmia poika tilasi vielä kokiksen. Itse tilasin Tiroler-juoman, jossa on punaista Camparia ja valkoviiniä. Maku on karvas ja kuiva. Peukutan, kuten nykyisin kai kuuluu tehdä. Käytiin vielä ulkona kuvaamassa auringonlaskua. Lammaslauma oli parhaillaan illan kerääntymisajoissa. Hauskaa katseltavaa ja kuunneltavaa.

5 Plosehütte – Schlüterhütte

Yöllä vesisateessa ikkuna- ja kattopellit kolisivat ihan kunnolla. Poika ei ollut kuullut mitään. Se on hyvä, että uni maittaa. Aamupala oli puoli kahdeksalta. Vähän outo tilanne, kun salissa ei ollut ketään ja aamupala oli katettu vain meille. Tehtiin aamupalapöydän leivistä, makkaroista ja juustoista eväät. Yöpyminen aamupaloineen kahdelta maksoi 74 euroa. Kun lisää eiliset keitot ja neljä juomaa, kokonaishinta oli 95 euroa.

Matkaan lähdettiin varttia vaille yhdeksän. Vihdoin päästiin varsinaiselle reitille heti aamusta! Kova sumu vähän mietitytti. Reitti kulkee aluksi laskettelurinteiden pohjia, joten mitään ainakaan sumussa näkyvää polkua tai kiinnekohtaa ei ollut. Eksyttiin heti reitiltä. Vajaan puolen tunnin ajan en ollut kartalla. Hyvin lähti tämä vaellus liikkeelle! Näin sumun seasta onneksi jonkun tien ja arvelin kartalta, mihin se vie. Tietä pitkin reitti löytyikin taas. Olipahan pojallekin oppitunti siitä, miten helposti sumussa voi eksyä.

Reitti on ensimmäiset pari tuntia todella mukavaa kuljettavaa. Metsäpolku laskeutuu pikkuhiljaa 2500 metristä 1700 metriin. Välillä kuljettiin lyhyt pätkä tietä pitkin, minkä jälkeen alkoi nousu, joka ei tuntunut loppuvan millään. Noin 600 korkeusmetriä kerralla ylös eikä yhtään tasaista osuutta välissä. Loppuosassa reitti kulki niin kapeaa kurua ylös, ettei siihen olisi enää mahtunut mutkittelevaa polkua. Reitti meni niin sanotusti suorinta tietä suoraan ylös. Otti vähän miehestä mittaa, kun helle oli melkoinen. Parin puron kohdalla täytettiin lippikset vedellä ja laitettiin sitten päähän. Vesi oli jääkylmää. Poika keksi vielä liottaa paidan purossa. Oli näkemisen arvoinen ilme, kun hän veti sen jääkylmänä päälle.

Poikaa häiritsivät pitkin matkaa kärpäset, paarmat ja muut lentävät höntiäiset. Välillä vaikutti, ettei hän oikein muuhun pystynyt keskittymään ja kommentoi asiaa vähän väliä turhautuneena.

Muutaman kerran yritin selittää, että niihin tottuu ja kannattaa keskittyä asioihin, joihin voi vaikuttaa. Reitillä oli lehmiä laitumilla ja siten myös kärpäsiä, mutta näin on useilla vaelluksilla eikä asialle mitään voi. Itse en niihin juuri huomiota kiinnitä ja tiedän, että niihin tottuu. Toisin on asianlaita sääskien kanssa, joiden pelkkä ininä pohjoisessa on minulle usein liikaa, puhumattakaan kutittavista puremista. Täällä ei ole sitä ongelmaa, joten kärpäset saavat minun puolesta lennellä rauhassa.

Ylhäällä syötiin eväät. Juttelin jonkun saksankielisen vanhemman naisen kanssa, joka istui viereeni vuoren laelle tehdylle puupenkille. Hän oli liikkeellä kolmen muun kanssa. Nämä pari mummoa ja pappaa käyvät joka kesä viikon vaellusreissulla eri paikoissa ja tekevät päivävaelluksia laaksossa olevasta tukikohdasta. Mukava tapa olla yhdessä. Jonkinlainen pohjakunto täytyy toki olla, että tänne nousivat. Tosin toiselta puolelta vuorta noustessa tähän solaan pääsee selvästi helpommalla kuin laaksosta, josta me tulimme. Paikalla tuli myös nuorisoryhmä, joka oli käynyt läheisellä huipulla. Ilmeistä ja puheen määrästä päätellen meneillään oli varsin onnistunut luokkaretki.

Lähellä on myös reitti, jonka viitassa on merkintä GM. Se nousee vuoren päälle ja kulkee siellä pitkin harjannetta. Kun ihmettelin kartasta reittiä, tiesi joku sanoa, että se on Günther Messnerin mukaan nimetty. Hän kiipesi aikoinaan vaikeimpia reittejä Alpeilla. Ehkä tämä oli yksi niistä. Hän kuoli vuonna 1970 Himalajalla ollessaan kiipeämässä yhdessä veljensä Reinhold Messnerin kanssa Nanga Parbat -nimistä vuorta, jota pidetään kiipeilijöiden kannalta yhtenä vaarallisimmista. Messner on yksi kuuluisimmista vuoristokiipeilijöistä. Hänen tavaramerkkinä olivat nopeat ja vähin varustein tehdyt vaikeat nousut. Hän on kotoisin Brixenistä. Näkemistäni mainoksista päätellen tällä alueella on useampia hänen nimeään kantavia vuoristoaiheisia museoita. Itsellänikin on kotona hyllyssä hänen kirjansa *Huipulle*, jossa kuvataan hänen vuonna 1978 tekemää historiallista nousua Mont Everestille ensimmäisenä ilman lisähappea.

Eväiden syönnin jälkeen matkaa majalle oli vain puolisen tuntia. Ciceronen reittikuvauksen ohjeelliseen neljän tunnin sijaan käytimme matkaan tänään kuusi tuntia eli hitaasti tultiin. No, eipä täällä olla kilpailemassa ja tänään oli reitin suhteellisesta lyhyydestä johtuen riittävästi aikaa. Vähän yllätyin, kuinka kova jano minulla oli loppumatkasta. Tuli juotua liian vähän, kun piti säästellä vettä nousuun. Kolme litraa kahdelle miehelle ei ole näköjään tarpeeksi. Yleensä yksin kulkiessa minulla on vähintään kaksi litraa per päivä. Täytyy hankkia neljäs pullo.

Schlüterhütten maja (2305 m) vaikutti ihan mukavalta. Samassa huoneessa oli saapuessamme vanhempi mies ja nainen, jotka olivat olleet siellä myös edellisen yön. Tervehtivät, mutta eivät alkaneet jutella. Käytiin suihkussa, josta sai viisi minuuttia lämmintä vettä 2,5 eurolla. Poika pesi pyykit. Kotona tämä olisi ollut suuri sensaatio! Laitettiin ne kuivumaan majan takana olevalle pyykkinarulle. Pyykkipoikia oli talon puolesta, mikä ei ole itsestään selvää. Joskus on ollut vaikeuksia saada vaatteita kuivatuksi, kun on ollut pyykkinaru, mutta ei pyykkipoikia. Tuuli on ollut sen verran kova, että se voi viedä vaatteet mennessään, minkä vuoksi on pitänyt solmia vaatteet pyykkinaruun, mistä taas seuraa, että vaatteet jäävät solmun kohdalta märiksi. Näistä syistä kannan aina vaelluksilla mukana muutamaa pyykkipoikaa.

Vapaata oleskelua puoli seitsemään saakka. Illallisella ei ollut pöytiin plaseerausta. Tilattiin jokainen listalta, kuten missä tahansa ravintolassa. Poika otti spagettia, minä kinkkuomeletin. Tilasin eväspaketin seuraavalle päivälle mukaan otettavaksi. Myyjä kysyi, tuleeko makkaraa leivän päälle. Tulee. Entä juustoa? Kyllä. Molempiin leipiin? Joo. Myyjä klikkaili jokaisen voileivän ainesosan erikseen tabletin tapaiseen kassakoneen etäpäätteeseen. Enpä ole ennen juustonpalasen tarkkuudella hinnoiteltua leipää ostanut. Meidän yöpymiselle, aamupalalle, illalliselle ja eväille tuli hintaa yhteensä 119 euroa ja 20 senttiä.

Illallisella samassa pöydässä istui kaksi nuorta lääketieteen opiskelijaa. Toinen oli Berliinistä ja toinen jostain Itämeren rantakaupungista. Juteltiin niitä näitä opiskelusta, Saksasta, Suomesta ja mistä nyt ihmiset juttelevat, kun eka kertaa tapaavat, aikaa on ja huomaavat tulevansa hyvin toimeen. Poikakin pääsi harjoittelemaan englannin kielen käyttöä.

Heidän matkantekonsa oli loppunut tänään, kun toisella oli jalka kipeytynyt. Arvelivat, että heillä oli liian painavat reput. Ylirasitusta siis. Harmittaa varmaan vietävästi, kun on suunnitellut reissua pitkään ja se loppuu ennen kuin ehtii kunnolla alkaakaan. He olivat München–Venetsia -reitillä, mutta olivat matkanneet vasta kolme päivää. Tarkoitus oli ollut jatkaa Venetsiaan asti. Opiskelijoita kun olivat, säästivät yöpymällä teltassa ja tekemällä itse ruuan. Ehkä tämä oli osasyy ylirasitukseen, koska telttoineen ja ruokatarpeineen reput painoivat näillä hennoilla naisilla reilusti yli 15 kiloa.

Täällä melkein kaikki näyttävät kulkevan päivärepuilla ja omani 55-litrainen ja noin 15 kiloa painava reppu tuntuu olevan joka paikassa suurimmasta päästä. Sen kokoisen repun pystyn kyllä mäkeä ylös ja alas kantamaan, varsinkin kun treenaan salilla askelkyykkyjä ja muuta vastaavaa talvisin. Tulee siinä kannettua repun lisäksi tietysti myös oman painon verran – reissuun lähtiessä vaatimattomat 94 kiloa eli repun kanssa reilut 110 kiloa. Mutta kyllä minullakin tekisi tiukkaa, jos repussa olisi lisäksi teltta, makari, ruuantekovälineet ja ruuat.

Illalla istuskelin majan takana olevalla penkillä, josta oli esteettömät näkymät alas laaksoon. Hieno auringonlasku, jossa vuoret näkyvät toistensa takaa harmaan eri sävyissä. Yöllä oli kova ukonilma. Hyvä kun oli yöllä eikä päivällä.

6   Schlüterhütte – Rifugio Puez

Aamupalalla oltiin puoli kahdeksalta. Listalta saattoi tilata perusaamiaisen, joka on kolme leipää ja yksittäispakkauksissa sulatejuusto, hillo, pasteija, hunaja ja voi sekä kuppi kahvia. Tämä vaatimaton annos maksoi 6 euroa per henkilö. Oli mahdollista tilata myös deluxe-aamiainen 2,5 euron lisäpanostuksella. Siihen olisi kuulunut lisäksi lasi mehua, jogurtti ja makkara.

Tavattiin opiskelijat majan terassilla, jossa olivat keittäneet kahvit ja söivät eväitään. Illalla hekin olivat päätyneet teltasta majalle nukkumaan ukkosmyrkystä johtuen. Huomasin, että toisen nilkka oli pahasti turvonnut. Aikoivat lähteä alaspäin laaksoon. Voi olla hankala alamäki, oltiin kuitenkin yli 2300 metrin korkeudessa.

Me sen sijaan lähdettiin ylöspäin. Tänään riittäisi taas nousua, yhteensä yli 800 korkeusmetriä. Aluksi matalampi ylitys, jonka jälkeen jatkettiin alemmas laaksoon. Siellä oli pieni majatalo, jossa asuvan perheen pienet lapset tulivat pällistelemään matkaajia. Ilma oli todella lämmin. Edessä oli kova nousu, jossa polun loppuosa kulki jyrkkään irtosoraiseen rinteeseen tehtyä siksakkia. Siinä oli tekemistä. Ylhäällä juteltiin pariskunnan kanssa, joka oli ollut samalla majalla yötä. He lähtivät ylittämään seuraavaa vuorta kohdasta, jossa noustaan käytännössä pystysuoraan tikkaiden ja vaijereiden varassa. Yksin olisin lähtenyt samalle reitille, mutta pojan kanssa en missään nimessä.

Poika huomasi, että kännykkä oli jäänyt majalle. Majoilla kännykän lataaminen on omanlaisensa operaatio, kun pitää löytää vapaa pistoke. Niitä ei majoilla liikaa ole, joten kännykän voi joutua jättämään aivan muualle kuin missä itse on. Poika oli jättänyt sen pesualtaan päälle, josta ei ollut sitä enää aamulla muistanut ottaa mukaan. Soitin vaimolle ja pyysin sulkemaan liittymän. Harmittihan tuo varmaan poikaa, mutta yllättävän tyynesti hän sen otti. Totesi vain, että ei sille mitään mahda, joten turha sitä on miettiä. Onneksi puhelin ei ollut kovin kallis. Menetystä lievensi myös se, että hän oli käynyt jonottamassa alkukesästä jonkin kaupan avajaisista muutamalle ensimmäiselle asiakkaalle yhdellä eurolla myydyn puhelimen, joka odotti nyt kotona. Suurempi ongelma oli se, että nyt meillä oli vain yksi puhelin. Ongelma voisi olla siis se, etten saa poikaa kiinni, jos syystä tai toisesta en tietäisi missä hän on. Ajattelin erityisesti loppumatkaa, jolloin oli tarkoitus olla jonkin aikaa suuremmissa kaupungeissa, mutta turha sitä oli etukäteen murehtia. Näillä mennään.

Jatkettiin kiertotietä alas laaksoon. Reitti on pidempi, mutta hyvä, että sellainen oli käytettävissä. Itse asiassa tämä pidempi reitti on varsinainen AV2-reitti ja lyhyempi suoraan vuoren yli menevä on variantti. Ei tältäkään tosin vaikeusastetta puuttunut. Kuljettiin kapeaa harjannetta välillä vaijereihin tukeutuen. Reitti kiemurteli kallioiden keskellä. Jännittävä kokemus, varsinkin pojalle. Taisi olla ensimmäinen kerta, kun hän oli reitillä, jossa edetään vaijereiden varassa. Siitä se lähtee. Tänään vaelluksen korkein kohta oli Forcella della Roa (2617 m).

Pitkä taipale päättyi majalle nimeltä Rifugio Puez (2475 m). Maja oli ihan ok, tosin suihku ei toiminut. Tai kyllä se toimi, mutta siitä tuli vain tulikuumaa vettä. Erikoinen ongelma vuoristomajalla, mutta voi se näköjään näinkin päin mennä. Sama ongelma koski pesuhuoneen hanaa, joten jäi pyykit pesemättä. Sängyt olivat kolmessa kerroksessa ja kaikki punkat olivat tänä iltana käytössä. Me nukuimme keskikerroksessa. Oli varmaan parhaat unet tällä reissulla. Nukuin tosi hyvin.

Lueskeltiin ja vähän valokuvattiin. Pihalla oli kymmenkunta jänistä tai ennemminkin sellaisia pupuja, joita lapsilla on usein lemmikkeinä. Täällä ne näyttivät pitävän majapaikkanaan talon lähellä olevaa maakellaria, jonka metallivi oli jätetty varmaankin näitä eläimiä

39

ajatellen pysyvästi hieman raolleen. Poika kuvasi ja seurasi niitä pitkään. Majan ohi kulki myös lampaita, joten elämä tällä karulla ja syrjäisellä majalla oli itse asiassa yllättävän vilkasta.

Illalla kirjoitin taas päivä tapahtumia muistiin. Poika osti tänään, kuten useampana muunakin iltana minulle kahvin. Se oli aina erittäin mukava yllätys. Kohtelias poika. Saattoi siinä olla myös sitä, että hän uusista asioista kiinnostuneena pääsi samalla ostamaan itsellekin kahvia, jonka juomista oli kokeillut silloin tällöin muutaman kuukauden ajan. Heti näytti menevän hifistelyksi, kun minulle täysin tuntematon macchiato oli suosikki. Itse juon kahvin mustana eli Cafe americanon. Se tarjoillaan joskus, kuten tällä majalla, siten, että isossa kupissa on pohjalla espresso ja erillisessä kannussa kuuma vesi. Käyhän se niinkin.

Päivällä poika totesi, että pitäisi leikata varpaan kynnet, kun tuntuvat liian pitkiltä. Illalla majalla annoin hänelle sakset. Leikatessa yksi kynsi lähti kuitenkin lähes itsestään irti. Saapa nähdä, miten vaikuttaa matkantekoon jatkossa. Minulta ei ole koskaan lähtenyt kynttä, mutta olen kyllä vaelluksilla tavannut useita, joille niin on käynyt. Matkanteko on ollut sen jälkeen todella vaikeaa ja joillain loppunut kokonaan. Mutta, eipä tuonkaan asian murehtiminen etukäteen mitään hyödytä. Vaimolta sain tekstarilla ohjeet, että varvas pitää joka päivä desinfioida, päälle Bepanthenia ja laastari. Näin tehtiin. Bepanthenia olen pitänyt mukana hiertymien varalta. Laastareita, sidetarpeita ja muuta vastaavaa minulla on aina lääkelaukussa, samoin kuin sakset, joten varustautuminen oli tältä osin onnistunut. Poika kertoi, että samasta varpaasta on ennenkin lähtenyt kynsi, joten ehkä se oli vähän herkemmässä tai olisi muutenkin lähtenyt.

Pojan vaelluskengät oli ajettu hyvin sisään eli kenkien sopimattomuudesta se ei ollut kiinni. Hän ehti käyttää niitä tarpeeksi paljon ennen reissua, jotta ne muotoituivat jalalle. Mitään rakkoja ei ollut tullut. Syynä kynnen irtoamiseen saattoi olla se, että kengännauhat olivat ehkä olleet alamäissä liian löysällä. Päätin tästä lähtien kiristää aamuisin hänen kengännauhat varmuuden vuoksi.

Illalla oli taas kova ukkonen, joka jatkui useamman tunnin. Tänään se alkoi aikaisemmin. Illallisen aikaan ei paljon valoja sisällä tarvittu, niin usein salamat löivät. Tilatessani huomista varten eväitä sain taas juustoviipaleen tarkkuudella hinnoitellut leivät.

Yöpymiselle ja illalliselle tällä majalla mukaan lukien kolme Holunder-Schorlea ja kokis sekä eväät eli kaksi leipää ja omena tuli yhteensä 87 euroa. Eihän tuossa yöpymiselle paljon hintaa tule, edullinen paikka. Varsin vaatimattoman eväspaketin täytteeksi ostin pari suklaata ja puolitoista litraa hiilihapotettua vettä, jotka maksoivat kympin, joten noin sadalla eurolla selvittiin. Yöpymisestä olisi mahdollista saada tällä, kuten monella muullakin tämän reitin majalla, Alppikerhon jäsenalennus. Minulla ei vielä tällä vaelluksella tuota jäsenyyttä ollut.

Forcella della Roa

7 Rifugio Puez – Rifugio Pisciadu

Mentiin seitsemältä aamupalalle, joka oli illallisen tapaan varsin vaatimaton: leipää, voita, hilloannos ja kahvi. Matkaan lähdettiin kymmenen yli kahdeksan. Jo kymmenen aikaan oli kuuma. Reitti kulki avoimessa kallioisessa maastossa pitkään melkein vaakasuoraan (jes!), kunnes alkoi nousta jyrkästi. Puolen tunnin nousun jälkeen päästiin kapeaan solaan, josta on molempiin laaksoihin hyvät näkymät. Mielenkiintoista oli taas kerran nähdä laaksojen erilaisuus. Toisessa kivikkoa, toisessa vihreää. Taaksepäin katsoessa näkyi koko aamupäivän aikana kuljettu matka. Alamäki oli aluksi hyvin jyrkkä, minkä jälkeen reitti kulkee laskettelurinteiden pohjien kautta autotielle.

Tien varressa oli muutama iso hotelli ja ravintola sekä valtavasti ihmisiä ja liikennettä. Paljon oli moottoripyöräilijöitä tauolla tässä kohdassa, jossa tie on korkeimmillaan kahden laakson välillä (Passo Gardena 2115 m). Moottoripyöräilijät ottavat näköjään tämän tyyppisissä paikoissa paljon kuvia itsestään ja liikennemerkistä, jossa on solan nimi. Leveä hymy, peukut pystyssä ja taustalla iso liikennemerkki. Tällaisia kuvia taitaa olla Alpeilla reissanneiden motoristien perhealbumit täynnä - vain kyltissä lukevan Passo sanan perässä oleva nimi vaihtuu. Tuli mieleen, että vaikka joku passo jää ajamatta, voisi Photoshopilla helposti muuttaa taulussa nimen toiseksi, kun kuvat ovat muuten luultavasti varsin samannäköisiä.

Päätettiin pitää ruokatauko, kun ravintola ilmestyi eteen niin sopivasti. Vaikka oli eväät mukana, ostettiin ihan kunnon syötävää. Poika söi vihanneskeiton, itse otin Apfelstrudelin (kunnon ruokaapa hyvinkin). Juotiin Holunder-Schorlet ja ihmeteltiin, miten terassilla istuskelleet baikkerit selviävät paksuissa nahkakamppeissa tässä helteessä.

Seuraava osuus reitistä oli minua eilen vähän epäilyttänyt, kun siinä on kartan mukaan +++++ eli luultavasti Via ferrataa. Reittikuvauksen mukaankin se on vaikea osuus, jossa pitää tukeutua vaijereihin. Kysyin aamulla majan pitäjältä, onko osuus liian vaikea pojalle. Hän sanoi: "No problem, easy". Talon rouva totesi samoin, joten olin luottavainen. Puolen tunnin loivan nousun jälkeen reitti lähti nousemaan todella jyrkästi kahden kallion välissä irtosoraan tehtyä siksak-reittiä. Helteellä nousussa oli ihan oikeasti tekemistä. Poika vaikutti välillä vähän uupuneelta. Häntä vaivasi myös varvas, josta oli irronnut kynsi. Kuulemma vihloi, kun osui kengän kärkeen. Kysyin muutaman kerran, jatketaanko. Jatketaan, oli vastaus.

Loppuosan reitistä nousimme melkein pystysuoraan vaijereihin ja kiviin kiinnitettyihin teräsportaisiin tukeutuen. Kun pääsin lähemmäs vaikeinta osuutta ja näin sen, tiesin, että nousu onnistuu. Pojalle painotin keskittymistä jokaiseen askeleeseen ja käden siirtoon vaijerissa, jos sellainen oli. Reitti on hurjan näköinen jopa valokuvissa, joihin yleensä ei tartu reitin jyrkkyys. On pojalla kertomista kavereilleen kesän kävelylenkistä.

Päästiin vuoren päälle viisi tuntia sen jälkeen, kun aamulla lähdettiin eli reittikuvauksen mukaisessa ohjeellisessa ajassa. Aletaan näköjään päästä pikkuhiljaa rytmiin, varsinkin kun huomioi, että pysähdyttiin välillä syömään ja helle oli kova. En ole itsekään tuollaista pätkää ennen noussut, vaikka vähän vastaavia Tatralla oli tullut kokeiltua.

Olin todella iloinen, että poika sai tämän kokemuksen. Siitä saa aivan varmasti itseluottamusta. Totesin, että hänestähän on tullut vuoristomies, mistä oli selvästi iloinen. Vuoristomies on sellainen perheen inside-juttu vuosien takaa Tatralta, jossa oltiin pojan ja isäni kanssa. Poika ajoi vaihteettomalla polkupyörällä erään laakson perälle pitkän ylämäen eikä tälle tullut varmaan edes mieleen väsymys. Hän käveli tuolloin myös Puolan ja Slovakian välisen vuoren harjannetta Zakopanen lähellä pitkän matkaa ja vaellukselle tuli mittaa yli neljä tuntia. Ikää oli tuolloin kuusi vuotta. Isäni totesi tuolloin hänelle, että sinustahan taitaa tulla vuoristomies! No, nyt oli näköjään tullut. Uskoisin, että poika ei tätä kokemusta kovin helposti unohda.

Yöpaikkamme Rifugio Cavazza al Pischiadu (2587 m) oli heti edellä kuvatun nousun päättymiskohdan vieressä. Sinne pääsee myös toista kautta vuoren yli, jonne huomenna olisi tarkoitus suunnata. Kolmas vaihtoehto on erittäin vaikea Via ferrata, johon tarvitaan köydet ynnä muut välineet. Se on ilmeisesti yksi kuuluisimmista Dolomiiteilla. Reitillä on muun muassa kahden kallion välissä hyvin korkealla kulkeva riippusilta. Kävin sitä illalla vähän lähempää katsomassa. Vaikuttava paikka. Tuskin jäisi minulta kävelemättä, mutta jännittäisi takuulla.

Maja vaikutti mukavalta. Huoneessamme oli 10 sänkyä, kaikki käytössä. Lämpimään suihkuun pääsi kolmella eurolla noin viideksi minuutiksi. Illallinen valitaan itse listalta ja sen hinta vaihtelee annoksen mukaan, kuten missä tahansa ravintolassa.

Pojan käsivarret olivat päivän aikana vähän palaneet. Oli tainnut unohtua aurinkorasvan laitto aamulla. Käytettiin tällä reissulla 50-sarjan aurinkovoidetta, joka estää varmasti palamisen. Tosin estää se myös ruskettumisen, mutta eipä tänne varsinaisesti rusketusta hakemaan ole tultukaan. Huomenna pitkähihainen paita päälle.

Oli mukava istuskella majapaikan terassilla auringonpaisteessa, joka ei myöhemmin iltapäivällä ole enää liian kuuma. Siinä karttaa ja reittikuvausta tarkemmin tutkiessani huomasin, että parin päivän päästä näytti olevan pidempi pätkä, joka ehkä pitäisi pätkiä lyhyempiin osiin. Kahdeksan tuntia näissä helteissä ei ole toivottavaa. Tällaista pohdintaa liittyy majalta majalle vaellukseen paljon enkä näitä kaikkia tähän ole erikseen kirjoittanut. Tässä kuitenkin esimerkkinä, mitä iltaisin majalla miettii ja lukee. En vaivaa näillä asioilla poikaa enkä kysele häneltä, mitä tehdään tai haluatko sitä tai tätä. Ei hänellä ole eikä vielä voikaan olla kokemusta arvioida esimerkiksi reittivaihtoehtoja. Se on aikuisen homma. Kysyn tietysti, jaksatko tai jatketaanko, mutta se on eri asia, koska siihen hän tietää vastauksen parhaiten itse.

Tähän mennessä olin mennyt päivä kerrallaan miettimättä reittiä turhan pitkälle, vaikka joka päivä kävin toki kartan ja reittikuvauksen kanssa läpi seuraavan päivän reitin. Tein sen ennen illallista, jotta ehdin ottaa asian puheeksi pöydässä, jos joku kohta mietityttää. Näin tein esimerkiksi edellisiltana Puezin majalla tämän päivän vaikean osuuden osalta, joka ei siis ollut majan isännän mukaan vaikea vaan "easy". Näihin easy-kommentteihin suhtaudun varauksella, mutta suuntaa antavia ne ovat. Käytännössä miellän ne niin, että kyllä siitä läpi pääsee. Kuten pääsi tänäänkin.

Eilen tehtiin Schlüterhütten ja Puezin majan välillä pieni lisäkierros, mutta silloin päätin reitin vasta maastossa, kun paremmin näin, minkälainen seinämä oli. Kaikkea ei voi ennakoida eikä mielestäni kannata myöskään liikaa ennakolta jahkailla. Ennemminkin mietin valmiiksi plan-B:n eli mitä reittiä pääsee takaisin tai alas johonkin laaksoon, jos jostain kohdasta ei pääse eteenpäin tai tulee myrsky. Sellainen varasuunnitelma minulla oli tällekin päivälle ja olisin sitä käyttänyt, jos poika olisi epäröinyt kysyessäni jatketaanko. Minulle reitin suunnittelu on sitä, että tilanteen ollessa niin sanotusti päällä voi tehdä vaihtoehtoisia ratkaisuja, jotka pohjautuvat aiemmin jollain tarkkuudella tutkittuihin faktoihin. Täällä se tarkoittaa esimerkiksi sitä, että jos tarve muuttaa suunnitelmaa ilmenee, tietää suurin piirtein, mihin suuntaan kulkea ja kuinka kauan. Tämä edellyttää käytännössä kartan lukemista laajemmalta alueelta kuin vain reitin kohdalta.

Ruokailun edetessä vähän ihmettelin sitä, että spagetin jälkeen italialaiset tilasivat vielä isot liha- ja peruna-annokset. Niin näyttivät tekevän monet muutkin. Illallisella otin spagettia ja lasin valkkaria. Niille, jotka eivät näillä majoilla ole yöpyneet, voi juomapuolesta todeta, että suuri osa majalle saapuvista tilaa ensimmäisenä oluen ja toinen menee usein ruokailun yhteydessä, mutta siihenpä se jääkin. Hintaa tälle yöpymiselle puolihoitoineen, aamiaisineen ja eväineen kertyi meiltä yhteensä 81,30 euroa, joten paikka oli edullinen.

Pöydässä istui kolme nuorta italialaismiestä. Hauskoja tyyppejä. Kommunikointi heidän kanssa oli alkeellista, kun eivät osanneet englantia kovin hyvin eikä muuta yhteistä kieltä löytynyt. He puhuivat italiaa, mikä vähän liioitellen oli uutta tällä Italian reissulla. Tähän asti lähes kaikki tapaamani italialaiset olivat puhuneet saksaa. Lähimpänä istunut oli kiinnostunut reitistämme ja kertoi, missä olisi tulevina päivinä parhaita maisemia. Hän näytti kännykästään joitakin kuvia esimerkiksi Marmolada-vuorelta, jonne saapuisimme parin päivän päästä. Kysyin, ovatko he käyneet läheisellä Via ferratalla. Eivät olleet. Yksi heistä oli kiinnostunut, mutta naureskeli hyväntahtoisesti vähän piikitellen, että muut eivät uskalla lähteä mukaan. Toiset kuittasivat jotain italiaksi takaisin. Sellaista hyväntuulista äijämeinkiä.

Oli upea ilta istuskella terassilla ruokailun jälkeen auringon laskiessa vuorten taakse ja kirjoitella päivän tapahtumia muistiin. Mikäpä tässä oli ollessa: vuoret ympärillä ja poika pyörii lähellä (omatoimisesti, mutta käy kuitenkin välillä raportoimassa, mitä on tehnyt ja nähnyt). Hyvää elämää tämä tällainen.

Muistiinpanoja kirjoittamassa majan terassilla.

Passo Gardena

Jyrkkä nousu Rifugio Pisciadulle

8 Rifugio Pisciadu – Malga Ciapela

Aamupalalla oltiin samassa pöydässä amerikkalaisten kanssa. Sama seurue - noin viisikymppinen mies ja kaksi naista sekä kaksi 13-vuotiasta lasta - oli ollut myös parilla edellisellä majalla, mutta emme olleet tehneet vielä tuttavuutta. Olivat Chicagosta ja New Yorkista. Näin pojan paidassa Pohjois-Amerikan futisliigan logon ja kysyin, pelaako hän itse. Pelasi. Näin tikusta asiaa taktiikalla päästiin juttuun ja keskustelu kääntyi jääkiekkoon ja Chicagossa Stanley Cupin keväällä voittaneisiin suomalaisiin pelaajiin (Teräväinen ja Timonen), jotka chicagolaiset tunsivat hyvin.

On mielenkiintoista huomata, miten urheilu yhdistää toiselta puolelta maapalloa tulevia ihmisiä. Tämän totesin myös edellisenä kesänä. Juttu lähti silloinkin liikkeelle jääkiekosta. Oltiin ihmettelemässä Potsdamissa Preussin kuninkaan palatseja ja puistoa. Nuoremmalla pojalla oli päässään New York Rangersin lippis, jonka olin hänelle tuonut matkamuistona. Ohitsemme kävellyt mies huusi hyväntuulisesti: "Go Rangers!" ja kysyi, olemmeko amerikkalaisia, johon vastasin, että ei kun Suomesta. Tästä lähti taas samaan tapaan keskustelu suomalaisista jääkiekkoilijoista. Hän kun oli New Yorkista kotoisin ja Rangers-fani, niin puhuttiin Rangersissa pelanneista. Puhuttiin muun muassa Esa Tikkasesta, mutta mielenkiintoista oli, että hän kehui ylitse muiden Reijo Ruotsalaista. Hänen nimensä oli minulle tuttu, kun vietin lapsuuteni Oulussa ja käytiin paljon Kärppien peleissä. Hän oli tuolloin jo siirtynyt pelaamaan NHL:än New York Rangersiin. Reijo Ruotsalainen on varmaan edelleenkin arvostetuin oululainen jääkiekkoilija, jonka nimen kaikki jääkiekkoa seuraavat tietävät. Vanhemmat jääkiekon seuraajat toteavat hänestä puhuttaessa, että hän luisteli takaperin nopeammin kuin useimmat etuperin. Hän oli tehnyt lähtemättömän vaikutuksen myös tähän minua noin kymmenen vuotta vanhempaan mieheen New Yorkista. Jälkeenpäin ajattelin, että on suhteellisen epätodennäköinen tilanne, että Potsdamissa Preussin kuninkaan palatsissa kaksi toisilleen tuntematonta ihmistä toiselta puolelta maapalloa käyvät spontaanisti mielenkiintoisen keskustelun vuosikymmeniä aiemmin pelanneesta oululaisesta jääkiekkoilijasta. Mutta, kuten totesin, urheilu yhdistää ihmisiä. Se on eräänlainen yhteinen kieli.

Vaikka urheilu yhdistää, se voi valitettavasti myös erottaa, jos ihmiset ottavat oman joukkueen fanittamisen liian tosissaan ja kannatus muuttuu toisten mollaamiseksi, huligaaneista nyt puhumattakaan. Tällaista "kannattamista", jossa itse urheilu jää taka-alalle, en ole koskaan ymmärtänyt. Sen sijaan on aina virkistävää tavata kannattajia, jotka pitävät tiukasti kiinni oman jengin paremmuudesta ja toki kuittailevat muiden kannattajille, mutta eivät lähde mollaamaan toisia. Tästä esimerkkinä tilanne, kun oltiin käyty pojan kanssa Lontoossa Chelsean stadionilla, josta tämä oli ostanut lippiksen, ja mentiin sitten juna-asemalle ostamaan lippua. Niitä myynyt herrasmies neuvoi: "You change the train at Paddington station …" ja käänsi katseensa lippispäiseen poikaan ja jatkoi ilmeenkään värähtämättä "and you change your team". Tällainen sanailu yhdistää ihmisiä, vaikka he eri joukkueita kannattavatkin.

Nämä aamupalapöydän amerikkalaiset olivat hyvin kiinnostuneita Suomesta ja kysyivät mielipidettä myös Venäjästä. Näin olen huomannut useimpien amerikkalaisten tekevän, kun kuulevat, että olen Suomesta. Mielenkiintoista oli myös se, että tiesivät Suomen pärjänneen Pisa-testissä. Saman huomasin myös kesällä Saksassa. Suomen koululaitoksella on todellakin hyvä maine maailmanlaajuisesti. Amerikkalainen mies osasi saksaa, kun oli nuorempana asunut siellä, ja näytti hoitavan asiat majalla saksaksi, mikä on poikkeuksellista. Harvoin amerikkalaiset kokemukseni mukaan osaavat vieraita kieliä. Nämä amerikkalaiset olivat vaeltaneet monissa paikoissa Euroopassa ja erityisesti Amerikassa. He kertoivat mielenkiintoisia juttuja muun muassa amerikkalaisista luonnonpuistoista, joissa vaeltaminen vaikutti olevan varsin

51

samanlaista kuin Suomessa: majoja on harvassa ja käytännössä yövytään teltoissa. Karhut ovat siellä kuulemma ongelma ja niihin pitää ihan oikeasti varautua. Ne tulevat etsimään vaeltajien leireistä ruokaa eivätkä pelkää ihmisiä. Suomessa karhun näkeminen on harvinaista puhumattakaan siitä, että karhu lähestyisi ihmisiä.

Amerikkalaiset kertoivat jonkin tuttavansa olleen tällä AV2-reitillä vuosi sitten samoihin aikoihin ja lämpötila oli ollut tuolloin keskimäärin noin kolme astetta! Uskoin tämän, koska vaelluksellani vuosi sitten Chamonix'sta Nizzaan ensimmäisen viikon satoi vettä ja ylempänä vuorilla lunta. Vuodet ovat erilaisia ja vuorilla erot ovat tosi suuria. Meillähän on ollut tällä reissulla koko ajan melkein 30 astetta lämmintä ja useina päivinä ylikin.

Pitkiä housuja pidin vain kahtena ensimmäisenä päivänä, loppumatkalla vain shortseja. Poika ei käyttänyt koko reissulla varsinaisia vaellushousuja, vaan ohuempia, majalle tarkoitettuja pitkiä housuja. Hän ei vaihtanut shortseihin siksi, että pitkissä housuissa kärpäset häiritsevät vähemmän. Tänään hän otti käyttöön myös pitkähihaisen teknisen paidan suojatakseen liikaa aurinkoa saaneita käsivarsia. Suurelle osaa mukana olevasta vaatetuksesta, kuten vaellushousuille tai sadekamppeille, ei siis ollut tarvetta.

Nousu majalta ylös sujui mukavasti. Nyt vaijerit ja kallioon kiinnitetyt teräksiset tuet olivat pojalle jo tuttuja. Nousu päättyi tasaiselle kalliolle 2906 metrin korkeuteen, joka on tämän reitin korkein kohta. Näkymät ovat hyvin erikoiset. Joka puolella oli kalliota vaaka- ja pystysuunnassa. En ole ennen nähnyt näin laajoja aivan tasaisia kallioita enkä varsinkaan tässä korkeudessa.

Laskeutuessamme seuraavaan laaksoon vastaan tuli noin 20 vaeltajan ryhmä oppaan perässä. Opas tuli kysymään minulta jotain paikkaa ja reittiä sinne. Vähän aikaa mietin, mitähän hän mahtaa tarkoittaa, mutta muistin yhden ohitetun huipun nimen kuulostavan samalta. Kysyin, onko huipulla risti, johon hän vastasi innostuneesti kyllä. Neuvoin heidät samalle reitille, josta olimme tulleet. Jälkikäteen vähän ihmettelin, että miten tuollaisen ihmismäärän suunnistaminen maastossa oli noin epävarmalla pohjalla. Ehkä hänellä ei ollut karttaa päätellen siitä, miten suurella kiinnostuksella hän tutki omaani, kun näytin siitä reitin.

Alempana laaksossa näimme helikopterin lentävän hitaasti hyvin matalalla vain muutama kymmenen metriä reittimme yläpuolella. Syy selvisi pian, kun vastaan alkoi tulla juoksijoita. Siellä oli juoksukilpailu. Missäpä muualla! Olimme siinä vaiheessa noin 2600 metrissä. Kopterin avoimesta ovesta kuvattiin juoksukilpailua. Jututin yhtä järjestysmiestä, joka keltaisessa liivissään toimi ikään kuin reitin kääntöpisteen merkkinä. Hän kertoi, että reitti nousee ensin 1500 metrin korkeudella olevasta laaksosta - johon meidän oli tarkoitus jatkaa - ylös edessämme näkyvän 3000 metrin korkeudessa olevan vuoren päälle, josta juoksijat tulevat alas ja jatkavat tätä kautta alas laaksoon. Reitin pituus oli kuulemma 20 kilometriä. Ei ihan tyypillinen puolimaraton. Katselin jyrkkää rinnettä alaspäin tulevia juoksijoita ja mietin, että alaspäin juoksu tuossa louhikossa saattaa olla kropalle kovempaa kuin ylöspäin meno. Ihmettelin, miten juoksijoiden nilkat ja polvet kestävät. Meno ei nimittäin ollut mitään lönkyttelyä, vaan juoksijat ohittivat toisiaan samalla kun tulivat suoraan alaspäin jyrkkää kivikkoista rinnettä. Juoksivat siis ihan oikeasti kilpaa toisiaan vastaan eivätkä vain yrittäneet suoriutua perille. Edelliskesänä pääsin seuraamaan vuoristojuoksukisaa Val d'Iseressä. Siellä reitti on vielä vaativampi, järjestäjien mukaan Toughest running race in Europe.

Rinnettä alaspäin tulevia juoksijoita katsellessani tajusin, että he tulevat samaa reittiä, jota meidän pitäisi jatkaa ylöspäin noin 150 korkeusmetriä. Jatkaminen reitin mukaisesti juoksijoiden seassa vastavirtaan ei innostanut. Läheisen kyltin mukaan osuuden voisi kulkea myös toista, puoli tuntia lyhyempää reittiä. Ihmettelin, miksi varsinainen reitti on pidempi kuin tämä variantti, kunnes vähän aikaa käveltyämme näin syyn. Vaihtoehtoinen reitti olikin Via ferrata. Siinä liikutaan vaijerien varassa vuoren seinämää poikittaissuunnassa. Kävin ensin yksin katsomassa jonkin matkaa, miltä reitti näyttää. Se ei vaikuttanut teknisesti vaikealta, kun se kulkee vaakatasossa. Sinänsähän eteneminen oli yksinkertaista. Pitää vain vaijerista molemmin käsin kiinni ja liikkuu sivuttain. Reitti on kuitenkin varsin kapea ja kulkee jyrkän rinteen reunalla, josta pudotusta alas laaksoon on reilusti, varmaan toistasataa metriä. Jännittävä paikka siis. Se meni loppujen lopuksi ihan mukavasti. Pojalle muutaman kerran sanoin, että keskity jokaiseen askeleeseen ja käden siirtoon ja pidä aina toinen käsi kiinni vaijerissa.

Taas yhtä kokemusta rikkaampana tultiin Boe-nimiselle majalle, jossa päätettiin syödä vähän. Söin munakkaan, jota rouva lähti tekemään, vaikka kertoi ensin, että keittiö on kiinni. En tiedä, mikä sai hänet muuttamaan mielensä, koska itse tyydyin vastaukseen ja olin jo tilaamassa omenapiirasta. Poika päätyi ottamaan jogurtin, kun totesi, että niitä näyttää olevan täällä niin harvoin tarjolla. Katseltiin terassilla syödessämme juoksijoita, joiden juomapiste oli juuri majan edessä.

Boen majalta reitti kulki laajojen tasaisten kallioiden päällä ja päättyi kabiinihissin asemalle. Pojan kipeän varpaan säästämiseksi mentiin hissillä alas. Näin vältettiin 600 metrin korkeuseron jyrkkä alamäki. Varvaskipu tuli esiin juuri alamäissä, jolloin varpaankärki osuu välillä kengän kärkeen tai kenkä osuu johonkin kiveen. Ylöspäin mennessä pojalla ei ollut ongelmia. Tämä päivä oli ollut tähän saakka enimmäkseen ylämäkeä ja tasaista, joten varvas sai olla rauhassa jonkin aikaa. Hissiin päästiin lyhyen odottelun jälkeen. Alhaalla laaksossa oli samantapainen paikka kuin edellisessä laaksossa. Kahden laakson välinen korkein autotien ylityskohta, jossa on hotelleja, ravintoloita ja matkamuistomyymälöitä. Sekä tietysti suuri määrä baikkereita ja muita turisteja ottamassa peukkukuvia Passo-kyltin edessä.

Jatkettiin saman tien matkaa kohti seuraavaa, matalampaa vuorenharjannetta paahtavassa kuumuudessa. Jonkin matkan päässä oli pieni kappeli, jossa käytiin sytyttämässä kynttilä. Oven vieressä oli vuorilla kuolleiden kiipeilijöiden muistolaattoja. Puolen tunnin nousun jälkeen reitillä oli laskettelukeskuksen rinneravintola. Poika totesi olevansa nälkäinen, jogurtti ei ollut kauaa nälkää pitänyt. Syötiin erinomaiset pizzat, joita tosin piti odotella varsin kauan. Poika otti kokiksen ja minä mehun. Täytettiin samalla pulloihin kolme litraa vettä.

Jatkettiin täysin vatsoin reittiä, jota oli jäljellä vielä yllättävän paljon. Se oli mukava polku ylhäällä vuoren rinteellä. Ruohoniityillä näimme vuorikauriita. Reitiltä oli upeat näkymät Dolomiittien korkeimmalle vuorelle Marmoladalle, jonka huipulla oli vielä lunta. Jäätikkö viilensi ilmaa. Lopuksi reitti laskeutuu jyrkästi tekojärven rannalle. Pojan varvas alkoi vihloa alamäessä. Saapa nähdä, loppuuko meidän taival tähän, ajattelin. No tämä mäki oli tultava alas joka tapauksessa.

Etappi päättyi padolle, jonka vieressä on Rifugio Castiglioni. Rakennus oli päässyt vähän ränsistymään. Kävin vintillä katsomassa makuusalia. Siellä oli väljästi tavallisia sänkyjä, ei siis kerrossänkyjä. Näytti mukavalta. Olimme väsyneitä ja teki mieli jäädä tänne. Tiesin kuitenkin, että seuraava etappi olisi todella pitkä, jos aloittaisi täältä. Ensimmäiset kaksi tuntia siitä olisi kävelyä alamäkeen asfalttitien reunassa tai sen lähellä. Ei tuntunut järkevältä käyttää aamulla paria tuntia tien vieressä kävelyyn eikä varsinkaan alamäkeen pojan kipeää varvasta ajatellen. Kysyinkin majatalon pitäjältä, pääsisikö täältä aamulla bussilla alas laaksoon. Bussi lähtisi vasta kymmeneltä, mikä vaikutti liian myöhäiseltä eikä käytännössä lyhentäisi päivää matkan loppupäästä. Tänään menisi vielä yksi bussi 17:20 eli reilun tunnin päästä.

Vähän aikaa asiaa pähkäiltyäni soitin alempana laaksossa olevan Tyrolia-hotellin numeroon, jonka löysin Ciceronen reittikuvauksesta.

Hotellissa oli tilaa. Pääsisimme sinne bussilla. Päädyimme siis odottamaan bussia. Jäi hyvä kuva tästä paikasta. Jos aamubussi olisi lähtenyt aiemmin, olisimme jääneet tänne.

Odottelimme padon viereisellä parkkialueella, jossa autoja ja moottoripyöriä tuli ja meni. Se oli myös bussipysäkki, näin ainakin arvelin. Padon yli kulki autotie ja vaikutti siltä, että turistit haluavat ajaa laaksosta ylös patoaltaan toista puolta tänne, pysähtyä ottamaan pari kuvaa ja jatkavat padon yli ajettuaan toista puolta takaisin. Osa varmaan pysähtyi syömään padon toisella puolella oleviin ravintoloihin ja oli siellä jokin sotamuseokin.

Ihan mielenkiintoista oli siinä vain istua ja katsella tätä turistivirtaa. Jollakin saksalaisella oli mennyt moottoripyörä rikki. Kävi sääliksi miestä, joka yritti korjata pyöränsä moottoria puhuen samalla puhelimeen ja saaden varmaankin jostain huoltopisteestä tai kaveriltaan korjausohjeita. Vieressä seisoskelleen baikkerin kyydissä olleen naisen ilmeessä ei todellakaan ollut rentoa lomatunnelmaa. Taisi mennä suunnitelmat uusiksi.

Huomasin, että lähellä vanhempi mies selasi München-Venetsia reitin opaskirjaa. Heräsi kiinnostus kysyä tarkemmin tästä reitistä, josta olin jokin päivä sitten puhunut saksalaisten opiskelijoiden kanssa. Mies oli saksalainen, kuten arvelinkin. Hekään eivät olleet aloittaneet reittiä Saksasta asti, vaan Itävallan puolelta. Tarkoitus oli heilläkin päästä Venetsiaan, kuten opiskelijoillakin oli ollut. Heitä oli kolme eläkeläismiestä. Yhdellä oli tullut jalkaan paha rakko, joka oli vaivannut jo pari päivää joka askeleella. Siis isompi ongelma kuin pojalla, jolla tuli vihlaisuja vain alamäissä. Hekin olivat päätyneet kulkemaan bussilla seuraavan osuuden säästääkseen kipeää jalkaa. Bussia odotellessamme juteltiin kaikenlaista vaelluskokemuksista. Mukavia ukkoja. Yksi heistä oli erityisen puhelias. Hän innostui niin kovasti, ettei hänen englanninkielentaitonsa oikein tahtonut pysyä ajatustensa perässä ja välillä oli vähän vaikea seurata hänen tarinoitaan. Pyysin häntä puhumaan saksaa, jota kerroin jonkin verran ymmärtäväni, mutta hän ei tainnut oikein uskoa tätä, kun jatkoi sinnikkäästi englanniksi.

Bussi tuli ajallaan. Niitä kulkee tästä vain kaksi päivässä, mitä hieman ihmettelin, kun turistien määrä oli niin suuri. Luulisi, että jo liikenneruuhkienkin kannalta olisi parempi tarjota turisteille mahdollisuus liikkua bussilla, kun reitti näytti olevan kaikilla sama: laaksosta ylös padolle ja takaisin. Bussissa ei ollut ruuhkaa. Tie alas oli mutkainen ja jyrkkä. Hyvä, kun ei jätetty sitä aamun ensimmäiseksi osuudeksi. Olisi voinut loppua meno pojalla siihen ja molemmilla viimeistään iltapäivällä matkan pituuden vuoksi. Hotelli Tyrolia oli aivan bussipysäkin vieressä. Samasta paikasta lähtee hissi Marmoladan huipulle yli 3000 metriin. Ystävällinen rouva otti meidät vastaan, otti passeista kopiot ja ihasteli, kuinka kaukaa olimme. Suomella on ihmisissä positiivisia ajatuksia herättävä vaikutus lähes poikkeuksetta. Tämä on ollut mukava huomata monessa paikassa. Vai johtuukohan vain siitä, että se on tarpeeksi kaukana.

Rouva totesi, että huoneen hintaan sisältyy aamiaisen lisäksi illallinen, mikä kuulosti oikein hyvältä. Alkoi kuulostaa jo vähän liiankin hyvältä, kun rouva sanoi, että voitte tietysti myös uida hotellin uima-altaassa. Se olikin ensimmäinen asia, mitä tehtiin. Uimalakkien käyttö oli pakollista, mutta ne saatiin talon puolesta. Poika totesi, että näytin koomiselta sinisessä smurffipipossa. Totesin, ettei koominen vaikutelma valitettavasti johdu lakista. Allasosastolla oli myös sauna ja vieläpä suomalainen sauna. Lämmintä oli ihan reilusti, 80 astetta. Asian selittää varmaan se, että hotellin pääasiallinen käyttötarkoitus lienee palvella talvisin lasketteluturisteja, jotka tulevat Marmoladan rinteille. Voisi kuvitella, että kyllä kuuma sauna italialaisillekin laskettelupäivän jälkeen sopii.

Saunassa oli italialainen mies, joka istui alimmalla lauteella epämukavan näköisenä. Kehuin hänelle saunaa ja kerroin, että

57

Suomessa on yli kolme miljoonaa saunaa. Hän piti sitä suurena määränä. Kysyin, onko hänellä tietoa, montako asukasta Suomessa on. Ei ollut mitään käsitystä. Kun sanoin, että viisi miljoonaa, ilmeestä näkyi hämmennys. Tieto suomalaisten vähäisestä määrästä yllätti muitakin, joiden kanssa asiasta tuli puhetta. Mies tarkisti vielä, oliko kuullut oikein. Ehkä hän arveli, että saunat ovat Suomessa talojen pääasiallinen lämmitystapa. Onhan se kummallinen tilasto. Mutta hyvät naurut siitä saatiin ja juttu lähti mukavasti liikkeelle.

Illallinen oli puoli kahdeksalta. Se olikin viimeisen päälle. Salaattipöytä kattoi noin 30 vihannes-, hedelmä- ja salaattilaatua. Oli esimerkiksi pieniä pyöreitä sipuleita, joita en muista koskaan maistaneeni. Aivan erinomaisia, ei lainkaan kirpeitä, vaan makeita. Myös kuivatut tomaatit, joista en yleensä suuremmin pidä, olivat todella hyviä. Salaattipöytä olisi riittänyt pääruuaksi. Mutta sen päälle tarjoiltiin alkuruoka, joka oli valittu hotelliin kirjautuessamme. Söin porkkanakeiton, hyvää sekin. Pääruoaksi poika otti pihvin ja minä stroganoffia. Ruokailemassa oli lähes pelkästään italialaisia ja täällä he myös puhuivat italiaa. On aina hyvä merkki, jos asiakkaina enimmäkseen alkuasukkaita, joille ei voi tarjota ihan mitä sattuu.

Hotelliyöpymiselle tuli hintaa meiltä kahdelta yhteensä 140 euroa. Siihen kuului todella hyvän aamiaisen ja illallisen lisäksi monipuoliset eväspussit (kummallekin kaksi kunnon sämpylää, omena, suklaa, pieni vesipullo ja mehupullo sekä pala lihaa ja juustoa) sekä illallisella juodut kokis, lasi viiniä ja kahvit.

Tällä kohtaa Ciceronen reittikuvauksessa oli asiavirhe. Sen mukaan täällä piti olla pankkiautomaatti, mutta eipä ollutkaan, vaan viiden kilometrin päässä alempana laaksossa, johon tämä reitti ei tästä jatku. Käteistä oli vielä ehkä neljäksi päiväksi, joten olisi ollut hyvä saada varmuuden vuoksi vähän lisää, kun majoilla ei ole käynyt tähän mennessä kortti. Mutta niin paha ongelma ei ollut, että olisin kävellyt viisi kilometriä pankkiautomaatille ja saman mäen takaisin ylös. Näillä mennään.

Päivä oli täynnä mielenkiintoisia kokemuksia, mutta sen pituudesta ja kuumuudesta sekä kaikenlaisista epävarmuustekijöistä johtuen myös rasittava. Monenlaista ehti tapahtua, mutta tässä suurin piirtein pääkohdat, jotka kirjasin ylös hotellihuoneen parvekkeella - oma parveke vaelluslomalla!

Poika haki minulle vielä kahvin alakerrasta, joten tyytyväinen täytyy olla. Kaikin puolin mainio poika! Osoitti tänään taas ennakkoluulottomuutta Via ferratalla ja sinnikkyyttä varvaskivun kanssa. Olisi ollut erittäin luonteva ja ymmärrettävä kohta sanoa, ettei voi enää jatkaa varvaskivun takia, jos esimerkiksi ei olisi enää kiinnostunut matkan jatkamista jostain muusta syystä. Mutta jatkaminen ajoittaisesta kivusta huolimatta osoitti päinvastaista eli kiinnostusta vuoristovaellukseen näyttää olevan.

Vuorikauriita niityllä. Taustalla Marmolada

9 Malga Ciapela – Passo San Pellegrino

Aamupala oli aivan erinomainen. Kaikkea ja enemmän, kuten Nalle Puhilla. Lähdettiin liikkeelle puoli yhdeksältä. Reittikuvauksen mukaan edessä oli "Awfully long day". Vaikka alkumatkan maantietappi oltiin ohitettu edellisenä päivänä bussilla, edessä olisi raskas päivä. Malga Ciapela, jossa yövyimme, on 1490 metrin korkeudessa. Sieltä alkanut ylämäki loppuu Force Rosse Passoon 2490 metrissä. Ensimmäiset kolme tuntia oli pelkkää ylämäkeä ilman tasaista kohtaa, alamäestä puhumattakaan. Otti koville, varsinkin kun lounaspaketit painoivat aika paljon. Arvelin, että reppuni painoi ainakin 17 kiloa.

Reitti kulki pitkin soratietä yllättävän ylös. Sen tekemisessä on ollut aikanaan valtava työ. Luin, että reittiä oli jo vuosisatoja sitten käytetty suolan kuljettamiseen. Ehkä tien pohja tai ainakin reitti on jo niiltä ajoilta. Ihmettelin vähän, että eikö yhtään helpompaa kuljetusreittiä ollut. Kävi ilmi, että se olikin salakuljetusreitti, jolla kierrettiin Venetsian keräämiä veroja. Yksi Venetsian suuruuden ajan tärkeimmistä varallisuuden kartuttajista oli suolakauppa.

Olin puolessa välissä nousua niin väsynyt, että piti ottaa vähän dopingia nimeltä powermetal. Olin ladannut mp3-soittimeeni erityisesti vuoren ylitykseen soveltuvaa musiikkia. Esimerkiksi Stratovariuksella on biisi, jossa lauletaan: Higher we go, climbing up to the skies...! Ehdotin pojalle, että hän voisi kuunnella musiikkia, jos se vaikka veisi ajatuksia pois varvaskivusta. Hän kuitenkin totesi, ettei kipua ole enää. Tämä oli päivän paras uutinen. Varvas ei vaivannut enää myöhemminkään koko matkan aikana, joten parin-kolmen päivän sitkeys palkittiin. Poika totesi, että hän kuuntelee soitinta mieluummin alamäessä, kun on helpompaa ja voi keskittyä musiikkiin. Minulle jäi siis soitin ylämäkiin.

Noin varttitunti ennen ylityskohtaan pääsyä alkoi sataa, ensimmäistä kertaa tällä reissulla vaelluksen aikana. Meillä oli ollut hyvä tuuri sään suhteen, kun oltiin liikuttu luonnossa jo yhdeksättä päivää ja nyt vasta jouduttiin sateeseen. Muulloin sateet olivat aina tulleet iltaisin tai öisin. Kaivettiin sadekamppeet reputta. Pojalle ennen reissua hankittu kuoritakki toimi hyvin. Housujen kohdalla todettiin kuitenkin sellainen puute, ettei niitä saa jalkaan ottamatta pois vaelluskenkiä. Huolimattomuutta ostettaessa, vaikka muistan kyllä ostaessani arvioineeni, että mahtuvat. No, eipä mahtuneet. Olisi pitänyt testata.

Parikymmentä minuuttia ennen sadetta rannekello (suomalainen Suunto) hälytti. Muistin tuolloin, että siinä on myrskyvaroitus päällä eli se varoittaa, kun ilmanpaine muuttuu nopeasti. Sää muuttui tosiaan hyvin nopeasti, vaikka oli se jossain määrin myös pilvien muutoksesta ollut luettavissa. Olin sanonut pojalle pitäessämme pientä taukoa vajaa tunti ennen ylityskohtaa, että tänään taitaa sataa ja näytin tummuvia pilviä. En kuitenkaan arvannut, että sataisi jo parinkymmenen minuutin päästä. Vuorilla sää muuttuu nopeasti.

Syötiin pikaisesti eväitä vuoren ylityskohdassa Force Rosso Passossa sateesta huolimatta, kun oli jo nälkä. Samalla laitettiin sadekamppeet päälle. Koko nousun aikana olimme nähneet vain neljä vaeltajaa. Ilmeisesti reitti on näin päin kuljettuna sen verran työläs, ettei sinne turistimassat eksy. Vuoren laella on kapea tasaisempi paikka, jossa saattoi levähtää. Siinä oli yllättäen melkein ruuhkaa, kun samaan aikaan sinne tuli noin kymmenen turistin ryhmä toiselta puolelta vuorta. He eivät kuitenkaan jatkaneet eteenpäin vaan kääntyivät takaisin. Ehkä heillä oli tarkoituskin käydä vain kääntymässä ylhäällä. Voi myös olla, että he muuttivat suunnitelmia, kun alkoi sataa. He olivat shortseissa ja t-paidoissa ja repuissa taisi olla vain eväitä.

Reitti jatkui alempana ruohoniityillä, joilla oli paljon hevosia. En muista sellaista määrää ennen nähneeni. Välillä eksyimme reitiltä tässä avoimessa maastossa. Otin kartan perusteella suunnan ja mentiin sen mukaisesti pitkin niityllä kulkevia kapeita polkuja, jotka eivät olleet virallista reittiä, vaan ehkä eläinten paimennuksessa käytettyjä. Puolen tunnin päästä tultiin oikealle reitille, joka on merkitty kylttiin kolmion keskellä olevalla numerolla 2. Aivan tumpelo en taida siis kartan lukemisessa olla, jos nyt en mikään eksperttikään, kun olen sitä vain itsekseni näin käytännön kautta opetellut.

Kävely vuoren ylityskohdasta laaksoon vievälle soratielle kesti vajaan tunnin. Tien varrella oli ravintola, jossa juotiin sitruunasoodat. Terassilla oli paljon turisteja, enimmäkseen sunnuntaikävelijöitä jaloissaan tasapohjaisia ja liukkaita tennareita. Harkituista asukokonaisuuksista ja huolitelluista kampauksista päätellen rouvilla taisi olla vaellusmuotiviikot menossa. En olisi yllättynyt, jos joillain heistä jäi vaellus väliin siksi, että sade aiheutti epäilemättä vakavan uhan suurella vaivannäöllä aikaansaaduille kampauksille. Oli taas hauska seurata vierestä sitä valtavaa puheen määrää, joka pienestäkin italialaisesta ihmisjoukosta lähtee.

Jatkettiin soratietä pitkin 300 metriä alempana olevaan laaksoon, paikkaan nimeltä Passo San Pellegrino. Se ei ollut suosikkijuomani mukaan nimetty siitä päätellen, ettei siellä edes myyty kyseistä hiilihapotettua vettä. Paikka oli laskettelukeskus, mutta hotellit näyttivät olevan auki myös kesällä. Olin edellispäivänä soittanut täällä sijaitsevalle majalle, mutta siellä oli täyttä. Reittikuvauksessa oli tällä kohtaa myös Arnika-nimisen hotellin yhteystiedot. Siellä oli tilaa. Hotelli löytyi helposti. Ei tämä iso paikka ole, noin parikymmentä taloa tien varressa sadan metrin matkalla.

Kävi ilmi, että yöpymisen hintaan sisältyi myös hotellin tiloissa toimivan wellness centerin käyttö. Soittaessani oli ollut puhetta uima-altaasta, mutta oli täällä paljon muutakin, kuten neljä erilaista saunaa. Oli myös lepo-osasto ja muun muassa suolahuone. Saunoissa kaikilla on uikkarit päällä, minkä lisäksi vielä pyyhe. Ei kovin hygieenistä hikoilla saunoissa uikkareissa ja mennä uimaan, mutta maassa maan tavalla. Mukavaa oli.

Hotelliyöpymisen hinta aamupaloineen ja kylpylöineen oli 45 euro per henkilö. Tilattiin myös illallinen, joka maksoi 18 euroa henkilöltä. Kylässä ei ollut kauppaa, josta olisi voinut ostaa ruokaa eivätkä parin muun hotellin ravintolat olleet sen halvempia. Toisaalta tämä oli neljän ruokalajin setti. Salaattipöytä oli taas hyvä. Syötiin salaattia seisovasta pöydästä niin, että nälkä lähti jo tässä vaiheessa. Varsinaisina alkupaloina oli aika raskasta ruokaa, kuten lasagnea. Vähän ihmetytti taas tämä tapa syödä aluksi ruokaa, joka olisi meillä pääruoka. Pääruuaksi syötiin mureaa sianpotkaa. Hyvät ruuat, mutta Tyroliassa oli edellisiltana vielä paremmat.

Oli hauskaa seurata hotelleissa parina iltana italialaisten lomaviettoa. Lapsiperheitä ja isovanhempia lastenlasten kanssa oli hotelleissa todella paljon. Varsinkin illallisilla pienten lasten kanssa ruokailu on hyvin aktiivista toimintaa. Kun valvonta hetkeksikin herpaantuu, katastrofin ainekset ovat valmiit. Olin jo ehtinyt unohtaa, kuinka rentouttavaa pienten lasten kanssa lomailu on. Palvelu oli ystävällistä. Jäi hyvä kuva tästä paikasta. Tilasin huomiselle eväät, 6 euroa pussi. Tälle hotelliyöpymiselle tuli loppujen lopuksi hintaa yhteensä 138 euroa, mutta elämä on, varsinkin lomalla.

Uima-altaan toisessa päässä oli meidän uidessa menossa pienten lasten uimakoulu, jota veti nuori puhelias nainen. Kun oltiin myöhemmin respassa, hän tuli juttelemaan ja sanoi, että meidän pitää ehdottomasti tulla illalla hänen hotellilla järjestämään karaokeen ja lasten diskoon. Totesin, että jätän kyllä väliin, mutta poika tulee ilman muuta tanssimaan hänen kanssa. Sain murhaavia katseita pojan suunnalta, mutta kyllä hän ymmärsi vitsin. Loppujen lopuksi kävi niin, että menin huoneeseen yhdeksän maissa ja poika oli diskossa puoli yhteentoista ja tuli kysymään, voisiko jäädä vielä vähäksi aikaa. Totta kai. En tiedä tanssiko tai lauloiko loppujen lopuksi mitään, mutta hauskaa kuulosti olleen. Se on hyvä, kun käyttää tilanteen hyväksi ja etsiytyy ikäistensä seuraan, kun mahdollisuus tulee. Ei näitä lasten diskoja ihan joka etapin päätteeksi ole.

Illalla reittikuvauksesta seuraavan päivän reittiä tutkiessani vahvistui tunne, että se ei ole lapselle sopiva reitti, jos sää on epävakaa. Ostin varmuuden vuoksi hotellia vastapäätä olevasta urheiluliikkeestä tämän alueen tarkemman kartan. Maaston selvästi tunteva kauppias oli avulias. Tutkittiin yhdessä kartan ääressä huomista reittiä. Hän oli sillä kannalla, että lapsen kanssa olisi parempi ottaa toinen reitti. Tutkin vaihtoehtoja ja reittikuvauksesta löytyikin sellainen. Katsotaan, millainen sää seuraavana päivänä on, ja toimitaan sen mukaan.

Pitkä nousu Force Rosse Passoon

Sadekamppeille oli vähän käyttöä

Hevosia niityllä

10 Passo San Pellegrino – Rifugio Rosetta

Aamupalavalikoima oli laaja, vaikka näytti jostain syystä keskittyvän kakkuihin ja muihin enemmänkin jälkiruuan tyyppisiin. Oli siellä toki hedelmiä, jogurttia ja leipää ynnä muuta normaalia aamupalaa, joten syötiin hyvin. Oltiin illalla tilattu lounaspaketit, joissa tällä kertaa oli miestä kohden kaksi sämpylää, puoli litraa vettä, suklaakeksejä, omena ja pari luumua eli erinomaiset eväät.

Sain pitkällisten selvitysten jälkeen sovittua respan kanssa, että lähettävät puolestani paketin Suomeen. Olin pakannut siihen karttoja ja muuta jatkossa tarpeetonta paperitavaraa. Painoa sillä oli reilut 300 grammaa. Hinnaksi sovittiin 16 euroa. Käyttivät hinnan selvittämiseen varsin kauan aikaa, kun soittivat johonkin ja tuskailivat, että kun Italiassa soittaa viranomaiselle, puhelu siirretään aina jonnekin muualle. Vähän ihmetytti, miten asian selvittäminen voi olla noin vaikeaa, kun kuitenkin faktat olivat selvät eli tiedettiin, että on EU:n sisäistä postia ja paljonko lähetys painaa. Respassa työskennellyt kysyi vielä esimieheltään lupaa lähettämiseen, mikä tuntui kovin byrokraattiselta. Vaikea kuvitella, että Suomessa kysyttäisiin pomolta tällaista, mutta varmaankin Italiassa on hierarkkisempi työkulttuuri.

Hotellin lähellä oli hissi, jolla noustiin 2345 metrin korkeuteen 16 euron korvausta vastaan. Olin päättänyt käyttää hissiä, kun sellainen kerta oli tarjolla ja koska reitti olisi tänään niin pitkä, että olisi hyvä varata riittävästi aikaa reitin loppuosuudelle. Liikkeelle päästiin yläasemalta vartin yli yhdeksän. Käveltiin soratietä pitkän matkaa alemmas laaksoon, jossa oli paljon lehmiä ja siten myös kärpäsiä. Pojalla oli taas mennä niiden kanssa hermot. Tultiin taas yhteen Passoon eli solaan, josta kulkee autotie. Parkkipaikka täynnä autoja ja tietysti moottoripyöräilijöitä kuvaamassa itseään Passo-merkin edessä peukut pystyssä.

Jatkettiin seuraavalle harjanteelle. Se meni rutiinilla, korkeuseroa oli 200-300 metriä. Reittikuvauksen perusteella perusreitti vaikutti poikaa ajatellen kovalta. Olin ollut illalla ja vielä aamullakin valinnan suhteen kahden vaiheilla ja päättänyt, että katson tälle harjanteelle päästyäni, miltä reitti ja ilma näyttävät. Harjanteella päätin, ettemme jatka perusreittiä. Poikettiin siis ensimmäisen kerran varsinaiselta AV2-reitiltä. Otin varman päälle, koska säätiedotus oli luvannut epävakaista ja pilvet olivat alhaalla. Mentiin vaihtoehtoista reittiä alas laaksoon, kun normaali reitti olisi noussut Mulaz-nimiselle majalle.

Alamäki oli pitkä ja huonosti merkitty, kuten edellisenä päivänäkin. Päästyämme laaksoon alkoi sataa. Ei paljon, mutta enpä olisi halunnut olla ylhäällä reitillä vaijereiden varassa vapaine pudotuksineen vesisateessa lapsen kanssa. Pilvet näyttivät tässä kohtaa hyvin synkiltä. Tuntui, että olin tehnyt oikean valinnan reitin suhteen.

Laaksossa oli paljon päiväretkeläisiä ja oppilasryhmiä eväsretkellä puron varressa. Hekin näyttivät lähtevän sateen alta, vaikka loppujen lopuksi sade ei kestänyt kovin kauaa. No, sitähän ei voinut tietää. Tämä laakso oli keskellä vuoria. Reitti nousi siitä vielä nelisensataa korkeusmetriä. Kulkeminen tuntui takkuiselta, vaikka reitti sinänsä oli helppoa soratietä. Alettiin oikoa, kun tie teki laajoja mutkia, jotka moninkertaistivat kävelymatkan. Noustiin tuo mäki tien mutkien väliin muodostuneita pieniä polkuja pitkin suoraan ylös. Otin taas annoksen raskasmetallidopingia. Sade oli tässä vaiheessa jo tauonnut.

Ylhäällä harjanteella oli Baita Seganit -niminen maja, jonka terassilla oli paljon väkeä, suurin osa koululaisia luokkaretkellä. Poika toteutti pitkään matkalla ääneen haaveilemansa mieliteon eli osti juomaksi maitoa. Meni sitä itse ostamaan, kun jäin ulos terassille kamojen kanssa. Myyjällä oli kuulemma ollut suuria vaikeuksia uskoa, että hän tosiaan halusi ostaa puoli litraa maitoa eikä vain kahvin sekaan lisättävää pientä annosta. Ostettua hän sen kuitenkin lopulta sai ja joi maitotuoppiansa tyytyväisenä terassilla juomavalintaa ihmettelevien katseiden keskellä. Samassa pöydässä istui vanhempi italialainen herra. Huomasin hänen olevan kiinnostunut pöydän äärellä tutkimistani kartoistani, joten näytin hänelle reittiämme. Hän osasi vain italiaa ja vaikka hän ymmärsi, etten minä taas ymmärrä sitä, ei se estänyt häntä kertomasta pitkään, missä itse oli ollut vaeltamassa. En ymmärtänyt sanaakaan, mutta tultiin hyvin toimeen, kun oli kartta, mistä näyttää. Hauska äijä.

Tutkin karttaa tarkemmin siksi, että reittikuvauksen mukaan tässä kohtaa vaihtoehtoista reittiä voisi mennä hissillä alas laaksoon. Reittikuvauksessa on siis kuvattu myös tämä vaihtoehtoinen reitti (variantti) ja todettu, ettei varsinaiselle reitille pidä lähteä epävakaalla säällä. Tehtiin siis, kuten ohjeistus oli. Kysyin ravintolan myyjältä, miten lähellä hissi on, kun en sitä majalta nähnyt. Hän vastasi: "The lift does not exist anymore" ja tarkensi: "Does not operate". Kun näin myöhemmin hissin, olisi siihen sopinut kyllä myös does not exist, niin huonossa kunnossa se näytti jo olevan. Tässä kohtaa Ciceronessa oli vanhaa tietoa. Veikkaisin, että hissi ei ole toiminut moneen vuoteen.

Myyjä kertoi, että laaksoon kulkee kuitenkin bussi, joka lähtisi ravintolan takaa vajaan tunnin kuluttua. Päätettiin odottaa ja mennä sillä. Jatkoin "juttelua" italialaisen miehen kanssa ja poika meni kyttäämään, milloin bussi lähtee ja varmistamaan, että päästään varmasti kyytiin. Epäiltiin nimittäin, että pihalla ollut suuri nuorisoryhmä täyttäisi bussin nopeasti ja oltaisiin odotettu silloin turhaan. Poika tuli jonkin ajan päästä kertomaan, että bussiliput on hankittu. Mainio, omatoiminen poika.

Pikkubussi mutkitteli kapeaa soratietä laaksoon, jossa pysähtyi päätepysäkilleen suuremman tien varteen. Näytin kuskille San Martino di Gastrozza -nimistä kylää kartalta. Hän näytti pysäkkiä toisella puolella tietä. Siellä oli muitakin odottamassa. Lyhyen odotuksen jälkeen tuli bussi, joka vei meidät 3,60 euron maksua vastaan alemmas laaksoon mainittuun kylään. Meillä oli hyvä tuuri bussikyydin suhteen. Jos oltaisiin oltu maantiellä 10 minuuttia myöhemmin, seuraavaa bussia olisi pitänyt odottaa kolme tuntia.

San Martinon kylä oli suurempi kuin olin ajatellut. Kylään tullessa näin bussin ikkunasta kabiinihissin ja arvelin, että sen täytyy olla reittikuvauksessa mainittu hissi. Painoin pysähdysnappia ja jäimme kyydistä. Hyvä niin, koska pysäkki ja hissi olivat tämän varsin laajan kylän yläosassa ja itse kylän keskusta, johon varmaan oltaisiin muussa tapauksessa ajettu, paljon alempana. Hissi oli toiminnassa enää puoli tuntia ja olisi voinut käydä niin, ettemme olisi siihen enää alhaalta kylästä ehtineet. Ostettiin liput ylös, yhteensä 35 euroa, ja noustiin kahdella hissillä 1466 metristä noin 2600 metriin muutamassa minuutissa. Siis suurin piirtein saman verran, kun edellispäivänä olimme nousseet jalkaisin reilussa kolmessa tunnissa.

Jälkikäteen ihmettelin, miten meillä kului aamulla yli kolme tuntia kulkea hissiasemalta Baita Seganitin majalle. Toisaalta oli siinä kilometrejä kuljettavana ja kaksi vuoren harjannetta ylitettävänä sekä kaksi laaksoa laskeuduttavana. Tuli kuljettua itse asiassa aika paljon jalan, vaikka päivä tuntui enemmän hisseillä ja busseilla seikkailulta.

Ylhäällä hissiasemalla odotti miellyttävä yllätys. Majapaikkamme Rifugio Rosetta oli vain 15 minuutin päässä. Olin tyytyväinen ja vähän yllättynyt, että siirtyminen tälle majalle onnistui vaihtoehtoista reittiä näin hyvin. Suunnitelmassa oli paljon liikkuvia osia, mutta hyvin se meni, varsinkin, kun oli tuuria bussi- ja hissiaikataulujen suhteen.

Rosettan maja on vaikuttavassa paikassa. Joka puolella näkyy harmaata pehmeämuotoista kalliota. Kun ilmassa oli sumua, paikka vaikutti salaperäiseltä. Vaaleat kuluneet kalliot joka puolella tuovat mieleen kuvat kuusta. Maja oli viihtyisä. Lämmin suihku maksoi kuusi euroa. Tekstareita sai lähetettyä, kun "ulkoilutti" kännykkää majan ympärillä tietyssä suunnassa. Samasta suunnasta nousee myös reitti, joka jätettiin väliin ja kierrettiin laakson kautta. Hyvin väsyneen

71

näköisiä vaeltajia nousi vielä noin viiden maissa. Ilmeistä päätellen oli ollut kova päivä. Tuntui oikealta päätökseltä käyttää varianttia.

Illallinen oli hyvä, pojan mielestä paras tähän mennessä. Otin aluksi sienikeittoa, poika spagettia ja tomaattisosetta. Pääruuaksi makkaraa ja vihanneksia, pojalla valtava pihvi ja perunoita. Hyvää oli. Pojan sanoin: "Ruuan ulkonäkö oli vaatimaton, mutta maku erinomainen". On kokemusta myös päinvastaisesta, joten hyvä näin päin. Hintaa yöpymiselle aamupaloineen, juomineen ja illallisineen sekä seuraavan päivän vesipulloille tuli yhteensä 110 euroa. Tällä majalla hanoissa ei ole juomakelpoista vettä.

Illalla kysyin talon isännältä, minkälainen tulevan päivän reitti on kohdasta, jossa kartassa on ++++++ eli Via ferrata -merkintä. Hän sanoi, että se on kapea reitti, jossa pidetään vaijerista kiinni ja totesi sen olevan "easy" eikä tarvetta valjaille olisi. Osoitin hänelle poikaa ja kysyin, onko reitti ok myös hänelle. Vastaus oli edelleen "easy". Tuli olo, että eiköhän se siitä. Katsoin kartalta kuitenkin varalle reitin, josta pääsisimme alas laaksoon, jos tuo osuus osoittautuisi liian vaikeaksi. Päätin myös, että jos aamulla sataa tai sää näyttää muuten epävakaiselta, ei lähdetä reitille, vaan mennään hissillä alas.

Huoneessa yöpyi meidän lisäksemme kaksi eläkeiässä olevaa italialaista miestä. Heihin näytti tekevän vaikutuksen, kun kuulivat, että olimme kulkeneet AV2:ta Brixenistä asti. Myös toinen ryhmä nuorempia miehiä, joiden kanssa aamulla juttelin terassilla kenkiämme sitoessamme, oli vaikuttunut, varsinkin pojan osuudesta. Poika arvelikin itsekseen, että on luultavasti nuorin suomalainen, joka tämän reitin on kulkenut. Veikkaisin, että on oikeassa. Sen verran vähän oli nähty majoilla nuoria vaeltajia eikä yhtään häntä nuorempaa.

Tuoppi kylmää, ei caldoa, maitoa!

Rifugio Rosetta

11 Rifugio Rosetta – Rifugio Trevisio

Aurinko paistoi ja näkymät vuorelta olivat upeat. Heräsin jostain syystä jo kuudelta. Aamupala oli perussettiä eli leipää, voita, hilloa ja kahvia. Viiden euron lisäpanostuksella olisi saanut hedelmiä ja jogurtin tai pekonia ja munakkaan. Ei ostettu eväitäkään, kun reitillä oli reittikuvauksen mukaan parikin paikkaa, joihin voisi pysähtyä syömään. Lähdettiin liikkeelle puoli kahdeksalta. Samaan suuntaan lähti vain kolmen hengen ryhmä.

Aluksi laskeuduttiin jyrkästi alas, minkä jälkeen on tasaisempaa kulkua hienoissa maisemissa aamuauringon noustessa jyrkkäseinäisten vuorten takaa. Noin tunnin kulkemisen jälkeen reitti alkaa nousta. Tässä kohtaa on reilun sadan metrin osuus, jossa reitti on hyvin kapea ja sen reunalla jyrkkä pudotus. Kallioon oli kiinnitetty kulkua helpottamaan ja varmistamaan poikittaissuunnassa kulkeva vaijeri, josta voi pitää kiinni. Painotin taas pojalle, että pitää keskittyä ja pitää kiinni niin, että toinen käsi on aina vaijerissa, kun siirtää toista. Hyvin se meni. Tämä osuus päättyy ylhäällä vuorien keskellä olevaan solaan, jonka ylittämisen jälkeen reitti laskeutuu parikymmentä minuuttia Rifugio Pradidalille. Syötiin siellä omenapiirakat ja lämmitetyt leivät ja juotiin kokis ja sitruunasooda (23 e). Hyvää oli.

Majalta reitti nousee ensin jonkin matkaa ja laskeutuu sitten erittäin jyrkästi 1000 metriä alemmas laaksoon. Mietin pojan varvasta ja päätin, ettei riskeerata sitä tällä pitkällä ja kovalla laskeutumisella, kun se oli niin hyvin parantunut. Mietin myös sitä, että ehkä reitti on kerta kaikkiaan liian vaikea hänelle. Ei lähdetty sinne, vaan vaihtoehtoiselle vähän pidemmälle, mutta helpommalle reitille. Myös tämä variantti laskeutuu yhtä paljon metreissä, mutta se vaikutti helpommalta. Aluksi se kulki aikamoista louhikkoa jyrkästi noin 400-500 metriä alemmas, minkä jälkeen loivempaa, pikkuhiljaa laskeutuvaa oikein mukavaa metsäpolkua noin tunnin verran. Polku päättyi maatalolle, jossa meillä oli tarkoitus syödä. Tämä ei kuitenkaan onnistunut, koska paikka oli aivan täynnä asiakkaita. Talon rouva pahoitteli, ettei voi ottaa enää lisää tilauksia vastaan. Syötiin talon pihalla eväät ja suklaat, joka olivat jääneet repun taskuihin. Saimme täytetyksi vesipullot, mikä oli tarpeen, koska laaksossa oli todella kuuma.

Jatkettiin taas ylöspäin. Reitti nousi kuivan joenuoman vieressä laakson perälle, josta vielä jyrkästi noin 300 metriä ylemmäs reiluun 1600 metriin Rifugio Trevisiolle. Saavutiin sinne kolmen maissa eli liikkeellä oltiin yhteensä seitsemän ja puoli tuntia. Täysi päivä siis.

Majalle noustessa meitä tuli vastaan australialainen mies, jonka kanssa jäin juttelemaan. Hän kertoi olleensa Kroatiassa, mutta siellä oli ollut niin kuuma, että oli muuttanut suunnitelmia ja tullut vuorille. Mietin vanhempiani, jotka olivat parhaillaan Kroatiassa. Jälkeenpäin sain isältä kuulla, että Sonyn kameraan oli tullut ilmoitus, että kuumuus estää sitä toimimasta. Kerroin australialaismiehelle, että olimme kävelleet viimeiset kymmenen päivää vuorilla ja esimerkiksi tämän päivän aikana seitsemän tuntia. Hän katseli poikaa vähän epäuskoinen ilme kasvoillaan ja kysyi, onko ihan varma, ettette tulleet bussilla.

Majaa oli vasta remontoitu ja lopputulos oli viihtyisä. Saatiin huone, jossa oli vain neljä sänkyä. Loppujen lopuksi sinne ei tullut muita. Oma huone tuntui luksukselta. Pestiin pyykkiä. Suihkulle tuli hintaa viisi euroa, ei kuitenkaan per henkilö, vaan 15 litralta vettä. Siitä riitti molemmille pikaiseen suihkuun. Puhelimessa ei ollut virtaa koko päivänä. Olin sen illalla ladannut, mutta heti aamusta se alkoi piipata akun loppumisen merkiksi ja meni pimeäksi. Harmitti vähän, kun en saanut videota pojasta Via ferratalla. Valokuvia kuitenkin otin varsinaisella kameralla (G-sarjan Canon).

Aamulla Rosettan majalta samalle reitille lähteneet vaeltajat saapuivat meidän jälkeen majalle. Juttelin terassilla ennen illallista ranskalaisen pariskunnan kanssa. He olivat kulkeneet tänään yläreitin kautta. Alastulo oli kuulemma ollut vaativa. He olivat kotoisin Les Houchesta

Chamonix'n läheltä. Sama kylä, josta aloitimme pojan kanssa Tour du Mont Blancin kolme vuotta sitten. Ryhmän kolmas oli italialainen alle nelikymppinen nainen, joka kertoi olevansa ensimmäisellä vaelluksellaan, vaikka asui lähellä Dolomiitteja. Hän oli lähtenyt reitille yksin ja tutustunut näiden ranskalaisten kanssa. Kysyin häneltä saksan kielen käytöstä Pohjois-Italiassa. Hän selitti rajan siirrot ensimmäisen maailmansodan jälkeen, jolloin Itävallan saksankielisistä alueista tuli osa Italiaa. Ihmiset ovat kuitenkin jatkaneet saksan puhumista. Hän kertoi, että Pohjois-Italiassa käydään yleensä saksankielistä koulua ja italian opetus alkaa ikään kuin vieraana kielenä myöhemmin, kuten meillä englanti. Kaikki puhuvat ja osaavat siten lähtökohtaisesti saksaa. Erikoinen kuvio, ollaan kuitenkin Italiassa.

Illallisella sai valita alkuruuaksi keittoa tai spagettia. Pääruuaksi valitsin salaattia, joka osoittautui lihaleikkeleiksi ja pavuiksi! Poika otti annoksen, jonka piti sisältää ainakin juustoa ja sitä se tosiaan sisälsi. Annos oli enemmänkin kengänpohjallista muistuttanut sentin paksuinen paistettu juustokimpale, jota emme kumpikaan kyenneet syömään. Yöpymiselle, illalliselle, aamupalalle ja eväille sekä parille Holunder-Schorlelle ja kahville tuli hintaa 127,40 euroa.

Yläkerran makuuhuoneiden seinät oli tehty leveistä käsittelemättömistä lankuista, jotka näyttivät mielestäni tyylikkäiltä. Sisäseinissä ei lankkujen lisäksi muuta ollutkaan, joten naapurihuoneen äänet kuuluivat aivan kuin joku olisi ollut vieressä. Uni tuli kuitenkin pitkän päivän päätteeksi nopeasti.

76

12 Rifugio Trevisio – Rifugio Passo Cereda

Aamupala oli vaatimaton. Tehtiin aamusta kuitenkin juhlallinen, kun soitettiin kotiin. Oli vaimon syntymäpäivä. Laulettiin kovaan ääneen paljon onnea vaan majan terassilla muiden sitoessa kenkiä ennen reitille lähtöä. Puhelin toimi vain yhdessä kohtaa, lähellä terassin kulmalla olevaa lipputankoa. Kotona oli kaikki hyvin.

Lähdettiin liikkeelle puoli yhdeksältä. Ensin metsän keskellä leppoisaa kävelyä, minkä jälkeen ylös kuivuneen puron pohjaa pitkin. Lopulta reitti nousi melkein pystysuoraan kapeaa kurua pitkin. Nousu vuoren harjanteelle oli pitkä ja todella jyrkkä. Ylhäällä syötiin majalta ostetut omenat, myöhemmin vielä eväsleivät. Pojalle ei maistunut eväät kuin vasta perillä. Annoin hänen hoitaa kartanlukua, jotta saa kokemusta tästäkin puolesta vaeltamista.

Ylhäältä oli hienot näkymät laaksoon, jossa oli paljon vihreää. Maisema muuttui siis taas edellisestä laaksosta. Toisella puolella vuorta reitti jatkui yhtä jyrkästi alaspäin. Askelmat polulla olivat korkeita ja irtokiviä oli paljon. Huonokuntoinen polku ja raskas reppu selässä tekivät etenemisestä työlästä, kun jokaisella askeleella piti varmistaa, ettei liukastu. Polvissa tuntui ja päivä otti yllättävän koville. Kuumuudella saattoi olla osuutta asiaan. Perillä Rifugio Passo Ceredalle tullessa olin aivan poikki ja näytti se väsyttävän nuorempaakin. Näin väsynyt en ollut tällä reissulla vielä ollut.

Kovan päivän päätteeksi tilasin majapaikan terassilla Radlerin. Testattiin myös San Pellegrino -merkin uutuutta, hiilihapotetun veden ja bittermakuisen kolalimsan yhdistelmää. Ei makeaa, vaan karvasta. Minä pidin, poika ei. Hän tilasi ison lasin maitoa, mistä saatiin samalla italian kielen oppia. Hän tilasi "cold", mutta hän saikin lämmitetyn maidon. Poika totesi ravintolan pitäjälle tyynen rauhallisesti, että ei käy, hän tilasi kylmän. Yllättävän helposti mies lähti tekemään uutta, vaikka iso tuopillinen lämmintä maitoa meni hukkaan. Kylmää maitoa tuodessaan hän pahoitteli ymmärtäneensä väärin ja kertoi, että italian kielessä cold kuulostaa kuumaa tarkoittavalta sanalta caldo.

Rifugio Passo Cereda on maantien varrella ja enemmänkin motellin ja kyläbaarin sekoitus kuin vuoristomaja. Makuusali oli neljännessä kerroksessa. Alakerrassa oli ravintola, johon kylän eläkeläismiehet näyttävät tulevan lukemaan lehdet. Varmaan mukava tapa, kun voi samalla vaihtaa kuulumiset tuttujen kanssa. Eipähän tarvitse istua kotona kaiken aikaa ja tuskin tulisi tilattua niin monia lehtiäkään. Mukava seurata vierestä, kun välillä joku toteaa jotain lehdestä lukemaansa ja muut kommentoivat vaihtelevalla innostuksella.

Otin päikkärit ja pesin pyykkiä. Iltapäivällä satoi suuria rakeita ja kovasti vettä. Onneksi ei oltu enää reitillä. Pelattiin pojan kanssa alakerran ravintolassa pöytäfutista, kirjoittelin muistiinpanoja ja join Cafe americanon. Jututin samalla caldon maidon pojalle tarjoillutta, minua noin kymmenen vuotta nuorempaa miestä. Hän oli varmaankin tämän perheyrityksen nuorempaa polvea ja talon nurkassa istunut herra perustajasukupolvea. Kysyin huomisen reitistä, kun se reittikuvauksen mukaan on AV2:n vaikein osuus. Hän sanoi, että se on "ok", myös pojan kannalta. Reitille oli tehty edellisenä kesänä parannuksia vaikeimpiin kohtiin ja reittikuvaus kuulemma liioittelee sen vaikeutta. Hän piti etapin pituutta suurimpana haasteena. Sinne ei tulisi lähteä epävakaassa säässä. Mietin iltapäivän raekuuroa. Miehen mukaan huomenna pitäisi olla hyvä sää eikä liian kuuma. Iltapäivällä voi kuitenkin sataa, kuten tänäänkin. Seuraavan etapin ohjeellinen aika on yli seitsemän tuntia. Tänään käytimme melkein kuusi tuntia AV2:n lyhimmällä etapilla, jonka ohjeellinen aika on neljä ja puoli. Liian hidas vauhti voi siis olla ongelma seuraavalla etapilla.

Ylempänä seuraavalla etapilla on kuulemma juomapiste ja samassa paikassa myös miehittämätön maja (bivouak), jossa voi tarvittaessa olla suojassa ja yöpyä. Tämä oli hyvä uutinen. Jos nousun vaikea osuus onnistuu, kyllä reitin helpompi loppuosa sujuu, vaikka matkaa onkin paljon. Poika oli samoilla linjoilla. Oli tyytyväinen kuullessaan, että ylhäällä on maja, jossa voi pitää taukoa. Totesin hänelle, kuten ennenkin, että pitää sanoa rehellisesti, miltä tuntuu ja varsinkin, jos ei halua lähteä. Hän vastasi, että niin on tehnyt koko matkan ajan. Se siitä. Päätetään aamulla lopullisesti, mitä tehdään. Jos sataa tai näyttää epävakaiselta: No go. Jos sää on ok, lähdetään reitille ja tullaan takaisin, jos tuntuu, ettei jaksa tai reitti on liian vaikea. Vaikein osuus on tällä puolella vuorta ja matka takaisin olisi kohtuullinen.

Syödessämme illallista ulkona sovittiin ranskalaisten ja italialaisen kanssa, että lähdetään yhdessä liikkeelle. Myös eräs saksalainen mies aikoi lähteä mukaamme. Hän oli vaeltanut kahden sveitsiläisen kanssa, jotka kuitenkin päättivät lopettaa matkansa tälle majalle.

Majapaikan naapurissa oli leirikoulu, jonka pihalla lapset pelasivat jalkapalloa ruohoniityllä. He olivat pojan kanssa suurin piirtein saman ikäisiä. Sanoin, että mene sinne vaan, kyllä ne sinutkin ottavat pelaamaan. Vähän hän ensin empi, mutta sanoin, että siinä ei varmasti mitään häviä, että kysyy. Muistutin häntä siitä, kuinka myös pari päivää sitten hotellilla hän sai kavereita mennessään diskoon, vaikka aluksi mietitytti. Niinpä hän lähti pelikenttää kohti ja oli siellä loppujen lopuksi koko loppuillan pelaamassa muiden kanssa. Hänet oli otettu hyvin vastaan, kuten olin arvellutkin. Hän oli tehnyt pari maaliakin ja päässyt joukkoon mukaan. Ryhmän valvojat pyysivät häntä tulemaan huomennakin. Me taidetaan kuitenkin lähteä aamulla jatkamaan matkaa, kuten hän oli todennut heillekin. Oli herättänyt paljon kiinnostusta ja jonkin verran ihmetystäkin, että hän kulki reppu selässä AV2-reitillä eikä ollut tullut autokyydillä tänne. Niinpä.

13 Rifugio Passo Cereda – Rifugio Bruno Boz

Herättiin vartin yli viisi, jotta päästäisiin iltapäivän mahdollisia sateita ajatellen riittävän ajoissa liikkeelle. Yöllä oli kova ukkonen ja vesisade. Nukuin tapani mukaan yläsängyssä, jonka kohdalla sattui täällä olemaan kattoikkuna. Sade rapisi kovaa sitä vasten ja ukkonenkin kuului, kuin olisi ulkona nukkunut. Siinä sadetta kuunnellessa ajattelin, että emme lähde reitille.

Lähdettiin kuitenkin, kun sää oli aamulla parempi. Oli pilvistä, mutta vaikutti, että sää paranee. Aamupala oli pyynnöstämme katettu jo illalla valmiiksi pöytään ja kahvit termariin, joten olisimme voineet lähteä mihin aikaan tahansa. Pihalla lähtiessämme saksalaisen kaverin sveitsiläinen tuttava tuli moikkaamaan ja kysyi hymyssä suin, että miten te vielä täällä olette, kun teidän piti lähteä kuudelta ja kello on jo vartin yli. Saksalainen vastasi naureskellen sen johtuvan tietysti siitä, että hän ei ole sveitsiläinen, kuten te, ja näytti kelloaan.

Lähdettiin liikkeelle kuudestaan. Esiteltiin nimemme toisillemme vasta aamupalalla. Tämä on tyypillinen tilanne majoilla, ettei kysellä toisista kovin paljoa (paitsi amerikkalaiset, jotka kysyvät heti kaiken ammatista lähtien). Voi mennä päiviä, että jutellaan paljon, mutta kun esitellään henkilö jollekin uudelle henkilölle, huomataan, ettei itse asiassa tiedetä henkilön nimeä. Keskustelu siinä kävellessämme kävi aluksi ranskalaisten ja saksalaisen välillä ranskaksi (kun saksalainen osasi hyvin ranskaa). Pojan ranskan kielen taito ei vielä riittänyt keskusteluun, mutta hän sen varmasti vielä oppii niin, että voi näitä keskusteluja ranskaksikin käydä. Saksalaisen, italialaisen ja minun keskustelua käytiin välillä saksaksi, mutta loppujen lopuksi päädyttiin puhumaan englantia, jotta kaikki ja varsinkin poika ymmärtäisivät. Poika oli saanut selvästi lisää itseluottamusta eilisestä ja kävi englanniksi hyvinkin aktiivisesti keskustelua, mikä oli mukava panna merkille. Matka kuluu helpommin, kun on juttuseuraa. Ja kuka sitä nyt viikkokaupalla jaksaa pelkästään iskän kanssa jutella.

Aluksi käveltiin melkein tunti tietä pitkin metsän keskellä, minkä jälkeen alkoi nousu kallioisessa maastossa. Eilen olin hieman epäillyt, miten poika selviää etapista, joka piti reittioppaan mukaan olla koko matkan vaikein. Ei ollut. Olihan siellä taas vaijereita, mutta ei mitään erityistä, jota ei oltaisi kokeiltu jo aiemmilla etapeilla. Fyysisesti etappi oli kuitenkin rasittava, ainakin minulle.

Saksalainen jättäytyi aikaisessa vaiheessa viimeiseksi ja sanoi, että hän tulee perässä omaa vauhtiaan eikä meidän tulisi häntä odotella. Poika meni kolmen muun mukana ja oli selvästi paremmissa voimissa kuin eilen. Illalla ajattelin, että jalkapallon pelaaminen väsyttää hänet, mutta samanikäisten tapaaminen näyttikin päinvastoin tuoneen hänelle lisää virtaa. Hän näytti pärjäävän hyvin muiden kanssa. Sain siten hidastettua vauhtia itselleni sopivaksi. Luotin Chamonix'ta kotoisin olevan miehen harkintaan ja annoin pojan kulkea hänen mukana minua edellä, mutta kuitenkin näköetäisyydellä. Hankalimmissa kohdissa heidänkin vauhti hidastui, kun heitä oli useampia, ja sain heidät kiinni. Juuri ennen vuorenharjanteelle nousua on erityisen jyrkkä kohta, joka näyttää hankalammalta kuin on.

Italialainen jatkoi yllättävän kovaa tahtia enkä oikein ymmärtänyt, miksi. Hän ei olisi malttanut pysähtyä ottamaan valokuvia edes kohtaan, jossa oli päivän parhaat maisemat. Hän ei tainnut ottaa yhtään valokuvaa koko päivänä. Ranskalaiset pysähtyivät silloin tällöin kuvaamaan ja ottivat rennommin. Italialainen nainen oli ensimmäistä kertaa vaeltamassa ja ehkä hänelle oli tärkeää vain päästä reitti läpi. Itselläni olennaista on vuorilla oleminen sinänsä ja mielelläni myös kuvaan paljon. Saksalainen teki viisaasti, kun heti alkumatkasta päätti itse oman tahtinsa ja kulki itsekseen. Reitillä oli upeita näkymiä laaksoon. Vuorten keskellä oli suuri järvi ja mukavan näköinen pieni kylä, jonka talojen ryhmittely oli harmoninen. On fengsuit kohdillaan, kuten joskus olen vaimolle vitsaillut, kun jotain tavaraa pitää siirrellä huoneesta toiseen.

Etapin puolivälissä on pieni varaston näköinen peltikoppi. Se on väriltään punainen ja näkyy todella kauas, kuten on tietysti tarkoituskin, kun se on tarkoitettu hätämajoitukseen myrskyissä ja muissa poikkeustilanteissa. Sisällä oli yllättävän monta sänkyä kolmessa kerroksessa. Sängyissä oli viltit. Oli myös ruokailupöytä ja vaeltajilta jääneitä keittimiä, kaasupanoksia ja vähän kai jotain syötävääkin. Tarkoitus on kuitenkin, että jokainen tuo omat tarvikkeensa, jos aikoo majalla syödä tai nukkua. Tulisijaa ei ollut eikä siellä olisi kyllä mitään poltettavaakaan. Parakin takana oli vesiletku, josta epätasaiseen tahtiin tuli kirkasta vettä. Arvelin, että, että vesi oli peräisin reittikuvaksessakin mainitusta lähistöllä pulppuavasta lähteestä. Täytimme siitä juomapullomme pojan kanssa.

Oltiin tänään liikkeellä seitsemän tuntia, mikä vastasi reittikuvauksen ohjeellista aikaa. Oltiin tehty pari pysähdystä, joten vauhtimme oli ollut hyvä. Rauhallisemminkin olisi voinut edetä. Etappi päättyy paikkaan nimeltä Rifugio Bruno Boz (1718 m). Se on kivitalo keskellä vuoria. Lähellä on navetta ja lehmiä niityillä. Paikkaa voisi kuvailla idylliseksi. Majan makuutilat olivat hyvät ja suihkuun pääsi neljällä eurolla. Talon isäntä ei osannut englantia, mutta töissä ollut nuori tyttö puhui. Puhelin toimi satunnaisesti. Nukuin taas päikkärit, kun olin väsynyt. Poika leikki talon koirien kanssa. Kuuden maissa alkoi tuulla ja sataa.

Illallisella oli tarjolla makaronia ja gulassia. Kun laskee mukaan vielä tilaamamme eväspussit ja pullon vettä, hintaa yöpymiselle, aamupaloille ja illallisille tuli 103 euroa. Täällä maksuksi kävi vain käteinen, jota minulla oli tuossa vaiheessa jäljellä noin satanen.

Illallisella pohdittiin, mitä tehdä seuraavana päivänä. Etapilla olisi yksi vaikea kohta, jossa reitti on hyvin kapea ja kulkee käytännössä vuoren harjanteella siten, että molemmille puolille on useamman sadan metrin pudotus. Reittikuvauksen mukaan sinne ei tulisi lähteä epävakaalla säällä. Sen varalle etsin kartasta parikin vaihtoehtoista

83

reittiä. Pyysin italialaisnaista kysymään niistä majalle tulleilta italialaisilta, joiden kanssa hän puhui huomisesta reitistä. Sain kuulla, että sitä kautta kestäisi kuulemma kolme tuntia päästä aiemmin päivällä näkemällemme järvelle. Sieltä pääsisi tietä pitkin kahdeksan kilometrin päässä olevalle maantielle, josta kulkee bussi Feltreen, johon AV2 päättyy. Todettiin ranskalaisten kanssa, että jos aamulla sataa, mennään tätä vaihtoehtoista reittiä.

Majan isäntä oli kuultuaan päivän vaellusvauhtimme todennut, että voisimme kyllä lähteä reitille, jos ei sada. Pitäisi kuitenkin lähteä aikaisin, jotta ehtisi pahimman osuuden ohi aamupäivällä, koska iltapäivällä yleensä sataa. Suunnitelma vaikutti vielä kovemmalta marssilta kuin tänään.

Ensimmäisellä vaelluksellaan ollut italialaisnainen yritti kovasti saada majan isäntää kertomaan, minkälainen sää seuraavana päivänä on. Tämä vastasi, että vaikka hän on asunut tässä paikassa yli 30 vuotta, sään ennustaminen on vaikeaa, koska sää voi olla viereisissäkin laaksoissa aivan erilainen. Kaikki riippuu tuulista, joita taas ei voi tarkasti ennustaa. Italialaisnainen halusi kuitenkin kuulla miehen mielipiteen, johon tämä vastasi lopulta nostaen molemmat kätensä suoraan eteensä ja sanoi, että tässä käsien välissä on pilvi. Jos tuuli tuo sen tähän kohtaan, siinä sataa vettä. Tämän jälkeen hän siirtyi pari askelta sivuun siirtäen samalla virtuaalipilveä ja sanoi, että jos taas tuuli viekin pilven tänne, niin ensimmäisessä paikassa ei sada. Meni perille.

14 Rifugio Bruno Boz – Feltre

Noustiin sovitun mukaisesti vartin yli viisi. Aamupala oli taas katettu pyynnöstämme valmiiksi. Poikaa herätellessäni tämä totesi haluavansa vielä nukkua. Hän totesi, että voidaan mennä myös helpompaa reittiä ja ettei meidän tarvitse kulkea muiden kanssa samaa reittiä. Menin itse alas aamupalalle. Herättäisin pojan, jos päätyisin siihen, että lähdetään yhdessä muiden kanssa. Syödessä pohdittiin, lähteäkö vai ei. Yöllä oli satanut monta tuntia vettä, joten reitti olisi märkä. Aamulla sade oli loppunut, mutta pilvet olivat alhaalla. Sää oli epävakainen. Näissä olosuhteissa ei tehnyt mieli viedä poikaa vaikeaan maastoon pikamarssille, varsinkin kun hän ei ollut itse selkeästi sitä mieltä, että mentäisiin, vaan puhui vaihtoehtoisesta reitistä. Tältä pohjalta tein päätökseni. Liian paljon riskejä lasta ajatellen.

Menin takaisin nukkumaan, kun kolme muuta lähtivät. Saksalainen ei ollut herännyt ensimmäiseen lähtöön, vaan oli aikonut katsoa tilanteen aamulla kaikessa rauhassa. Hän ja me nousimme seitsemältä. Tutustuin paremmin tähän mukavaan Stuttgartista kotoisin olevaan mieheen. Hän oli menossa Venetsiaan jotain alihankkijaa tapaamaan ja sitä ennen hänellä oli pari päivää lomaa jäljellä. Sään epävakauden todettuaan, hän päätti, ettei lähde tänään reitille. Hän ei kuitenkaan halunnut lähteä myöskään alempaa varianttia, vaan aikoi odottaa päivän tällä majalla ja katsoa, olisiko huomenna parempi sää. Hän kysyi, voisiko ottaa kuvan kartastani, niin voisi tehdä päivällä jonkin pienemmän retken lähiympäristössä. Annoin hänelle karttani, jota en enää tässä tilanteessa tarvinnut. Hän sitä vastusteli, mutta otti sen kuitenkin ja sanoi, että lähettää sen postissa. Totesin, ettei ole tarpeen. Totesin, että hän voi tietysti tuoda sen minulle Helsinkiin, niin näytän samalla vähän paikkoja Suomessa. Hän otti kutsun vastaan ymmärtäen, ettei karttaa ole tarvetta palauttaa.

Lähdettiin pojan kanssa reitille, joka vie alas laaksoon. Poika hyvästeli majan koirat Blondien ja Nevan. Isäntä ja rouva tulivat vielä tervehtimään ja kättelemään. He olivat todella mukavia, vaikka yhteistä kieltä ei ollutkaan. Pidin tästä majasta.

Reitti nousi harjanteelle, minkä jälkeen tultiin kolme tuntia alamäkeä vajaasta 2000 metristä 750 metriin järvelle. Mukava, helppo reitti kulki enimmäkseen metsän keskellä. Ilma oli pilvinen ja kostea. Alkumatkasta kuului ukkosen ääni. Myöhemmin sain ranskalaisilta kuulla, että reitti oli ollut pahimmassa kohdassa todella kapea ja pudotusta oli ollut reilusti. He olivat kulkeneet reitin todella nopeasti, melkein pari tuntia alle ohjeellisen ajan ja juuri perille päästyään oli alkanut kova vesisade. Totesin itsekseni, että me emme olisi tuossa vauhdissa pysyneet. Olin tyytyväinen valintaamme. Oikein tein, kun en vienyt poikaa ylös vaikealle reitille.

Järven toisessa päässä oli pieni hotelli, jonka alakerrassa oli ravintola. Päätettiin vähän juhlistaa päättynyttä vaellusta. Baarin vitriinissä oli neljää erilaista kakkua. Tilattiin tietysti niitä kaikkia ja juotiin sitruunasoodat. Jatkettiin asfalttitietä. Oli tarkoitus liftata, mutta tiellä ei kulkenut yhtään autoa meidän suuntaan. Näkemämme autot ajoivat aamulla ylöspäin laakson perälle, josta ihmiset lähtevät päivävaelluksille. Noin tunnin kävelyn jälkeen tien varressa näkyi punainen Fiat Panda. Vitsailin pojalle, että siinähän se meidän taksi odottaa. Auto oli ison talon edessä ja talon ovet olivat auki. Naureskeltiin vanhaa vitsiämme, että suomalainenhan ei varmasti missään tilanteessa kysy mitään, vaan selviää kaikesta urhoollisesti yksin eli tässäkin tilanteessa jatkaa sitkeästi matkaa ja välttää ihmiskontakteja, varsinkin ulkomaalaisten kanssa. Menin sisälle ja huomasin, että paikka oli luonnonsuojelualueen - jonka alueella olimme viime päivät kävelleet - toimipiste. Noin nelikymppinen ystävällinen nainen toivotti meidät tervetulleiksi ja jakoi meille esitteitä.

Kysyin, miten täältä pääsisi Feltreen muutoin kuin kävelemällä. Hän totesi, ettei taida olla oikein muuta tapaa kuin liftata, minkä me taas olimme todenneet toivottamaksi. Yllättäen nainen sanoi, että hän voi lähteä viemään, odottakaa hetki, hän sulkee ovet. Ahtauduttiin reppuinemme pieneen Fiatiin, jolla hän lähti ajamaan hurjaa vauhtia pitkin kapeaa mutkaista tietä. Samalla hän kertoi iloisesti kaikkea alueeseen liittyvää. Tarkoitus oli, että hän ajaa meidät vajaat 10 kilometriä valtatien varteen, josta pääsisimme bussilla eteenpäin. Hän päätti kuitenkin viedä meidät Feltreen saakka, jonne oli valtatieltä vielä parikymmentä kilometriä. Tuota kapeaa ja mutkaista asfalttitietä olisi ollut ikävä kävellä eikä ihan turvallistakaan ja matkaan olisi mennyt koko päivä. Meillä kävi niin hyvä tuuri, ettei oltu uskoa tätä todeksi.

Saavuimme Feltren turisti-infon eteen puolen päivän maissa. Olin todella kiitollinen saamastamme avusta. Annoin naiselle käyntikorttini ja totesin, että jos tulee tarvetta hoitaa jotain asiaa Suomessa, niin ota yhteyttä. Ainoa miinus tässä onnenpotkussa oli se, että vaellussauvamme unohtuivat auton takakonttiin. Myöhemmin kolme viikkoa reissun jälkeen sain paketin (käyntikortissani olleeseen) työosoitteeseeni Helsinkiin. Paketissa oli vaellussauvat! Tällaisiakin ihmisiä on olemassa.

Vaellusreitistämme oli näin jäänyt yksi päivä pois. Itse asiassa vaellusreittimme oli lyhentynyt suunnitellusta kahdella päivällä, koska variantin käyttö muutama päivä sitten johti siihen, että kuljimme päivässä kahden päivän etapit. Olin myös varannut pari päivää säästä johtuvien odottelujen varalle, joita emme olleet tarvinneet, joten olimme reilusti edellä aikatauluamme. Meillä oli paluulento Helsinkiin vasta viikon päästä sunnuntaina, joten tuli mieleen, että ehkä ne saisi siirrettyä aikaisemmaksi. Soitin Finnairille ja kysyin asiasta. Lippumme voisi kyllä vaihtaa, mutta jäljellä olisi enää bisneslippuja huomiselle. Vaihto niihin maksaisi yhteensä 420 euroa eli melkein saman verran, kun meidän alkuperäiset menopaluuliput, joten jätettiin väliin. Yritin vielä järjestää asioita niin, että vaimo ja nuorempi poika olisivat lentäneet tänne ja oltaisi vietetty viikko yhdessä täällä, mutta se ei onnistunut samoista syistä. Lennot olivat joko loppuun myytyjä tai jäljellä olleet liput tolkuttoman hintaisia. Eli oltaisiin täällä kahdestaan vielä viikko.

Kysyin turisti-infosta reittikuvauksessakin mainittua B&B paikkaa Feltressä. Siellä oli tilaa ja pian sitä hoitava rouva tuli hakemaan meidät infosta. Talo näytti ulkoapäin kuluneelta, kuten kaikki talot tässä keskiaikaisessa kaupungissa. Sisältä se oli kuitenkin viimeisen päälle hieno ja viihtyisä. Siinä oli puulattia ja puupaneelia oli käytetty muutenkin paljon. Paksuissa valkoiseksi rapatuissa kiviseinissä oli holveja, joihin oli sovitettu tyylikkäästi hyllyjä. Keittiö ja muut huoneet olivat viihtyisästi kalustettuja. Isolla katetulla parvekkeella oli suuri ruokailupöytä ja näkymät tiilikattoisten talojen yli läheisille vuorille. Huippupaikka.

Majoitusta hoitanut nainen otti tietoni ylös, kun verottaja kuulemma tarkistaa yöpyjien tietoja. Yritin sanoa hitaasti nimeni ja hän kirjoittaa sen ylös, mutta siitä ei tullut mitään. Annoin ajokorttini, jotta hän voi katsoa nimen suoraan siitä. Myöhemmin, kun katsoin kuittia, siinä luki yöpyjän etunimen kohdalla "Ajokortti" ja sukunimen kohdalla sama ruotsiksi eli "Körkort"! Ehdotin vaimolle, että tässä olisi tarjolla vähän fiinimpi ruotsinkielinen sukunimi, mutta ei ollut halukkuutta nimenmuutokseen.

Lähdettiin kaupungille. Sen keskellä on vaikuttava, keskiaikaisten ja renessanssityylisten talojen ympäröimä aukio. Käytiin kaupunginmuseossa, jossa oli erikoinen sekoitus jopa viisisataa vuotta vanhoja tauluja ja ensimmäisen maailmansodan aikaisia kaasunaamareita ja muita sotaan liittyviä esineitä samoissa huoneissa. Alempana kaupungissa hyvin säilyneen kaupunginmuurin ulkopuolella vanhan kirkon edessä olevan aukion alla oli katettu arkeologinen kaivaus. Siellä oli nähtävissä alkuperäisellä paikalla

89

edelleen oleva lattiamosaiikki Rooman ajalta. Kaupunki on todella vanha. Se on perustettu ennen ajanlaskua. Roomalaiset käyttivät siitä nimeä Feltria. Käytiin myös Feltren pääkirkossa, jonka kryptassa oli osia longobardien ajalta. Feltre osoittautui todella kiinnostavaksi ja viihtyisäksi paikaksi.

Kaupungissa oli sattumalta juuri tuona päivänä keskiaikaiset juhlat, jossa historiallisten kaupunginosien joukkueet kilpailivat keskenään rumpujen soitossa keskiaikaisen kaupungin kaduilla ja lippujen heittämisessä mahdollisimman näyttävällä tavalla keskusaukiolla. Näitä kilpailuja oli pidetty 1400-luvulta saakka, joten voi varmaan sanoa, että nämä kyläjuhlat olivat vakiintunut perinne. Upeaa nähtävää ja kuultavaa. Tämäkin vielä!

15 Feltre – Venetsia

Aamulla tuli talon rouvan kanssa puhetta siitä, että ollaan lähdössä Venetsiaan, mutta yöpaikka puuttuu. Olin varannut ennen reissuun lähtöä majoituksen Venetsiasta vain kahdeksi viimeiseksi yöksi. Oltiin aikataulusta edellä ja meillä olikin kuusi yötä jäljellä ennen paluulentoja. Rouva kertoi tuntevansa jonkun Venetsiasta ja soitti hänelle. Siellä oli tilaa meille neljäksi yöksi. Sovittiin, että otetaan se ja soitetaan tarkemmin, kun päästään perille. Feltrestä on Venetsiaan noin 150 kilometriä matkaa.

Lähdettiin kohti juna-asemaa. Lippujen osto onnistui. Junaa pitäisi vaihtaa kolme kertaa, näin ainakin ymmärsin. Myyjä ei puhunut muuta kuin italiaa. Hän kirjoitti avuliaasti kaikki vaihtopaikat ja -ajat paperille, joten eiköhän se siitä, juna kerrallaan. Lippuluukulta kääntyessäni näin ranskalaisen pariskunnan, jonka kanssa oli vaellettu samaan tahtiin kolme päivää. Olipa iloinen yllätys. Saatiin kutsu Chamonix'in. He lähtivät samalla junalla kuin me, mutta jatkoivat Milanon suuntaan, jossa aikoivat käydä juuri avautuneessa Expossa. Se on Euroopan laajuisestikin valtava tapahtuma ja sitä mainostettiin joka paikassa. Meillä junan vaihdot menivät sujuvasti. Venetsiaan tultiin iltapäivällä.

Kävely ulos Venetsian juna-asemalta on sen sinne ensi kertaa saapuvalle hämmentävä kokemus, kun kadun tilalla onkin vettä. Vaikka olin nähnyt Venetsiasta paljon kuvia, oli tilanne silti yllättävä ja mieleenpainuva. Ostettiin viikkoliput paikallisliikenteeseen (yhteensä 110 euroa), mikä täällä tarkoittaa vesibusseja. Ne olivat todella kätevä liikkumismuoto ja niitä käytettiin viikon aikana lähes puolensataa kertaa. Pysäkit ovat kelluvien ponttoonien päällä. Oli siinä pohjoisen pojilla ihmettelemistä. Ajoimme puhelimessa saamiemme ohjeiden mukaan linjalla 5.1. toiselle puolelle Venetsiaa kiertäen käytännössä koko saaren. Tai saaret, niitä kun on yhteensä noin 170 kappaletta. On ainakin ollut. Nyt niitä on vaikea erottaa toistaan, kun kaupunki on niin tiiviisti rakennettu. Kaupungin koko teki suuren vaikutuksen. En ollut hahmottanut, että se on näin laaja.

Jäimme pois Biennale-nimisellä pysäkillä ja käveltiin puiston läpi kävelykadulle paikkaan, jossa saamiemme ohjeiden mukaan oli "shop and fountain". Kun sellainen löytyi, soitettiin saamaamme numeroon. Muutaman minuutin päästä nuori nainen saapui ja lähti viemään meidät majapaikkaan. Se ei ollutkaan aivan tavallinen B&B, koska se ei ollut kenenkään kodin yhteydessä, vaan erillinen kerrostaloasunto. Se oli kerrostalon ensimmäisessä kerroksessa ja siinä oli oma ovi. Sisällä oli kylppäri, keittiö ja makuuhuone. Myöhemmin todettiin, että sijainti oli erinomainen, koska se ei ollut turistivirtojen varrella, vaan hyvin rauhallisella paikalla. Aamuisin paikalliset tulivat ostamaan läheisestä kalakaupasta kalaa sekä kanavaan parkkeeratun veneen kannelle tehdystä kaupasta hedelmiä ja vihanneksia.

Saatiin siis omaa rauhaa ja vähän paikallista elämää samalla kertaa. Eikä kaupungin päänähtävyyksillekään ollut kuin muutama sata metriä. Kävi hyvä tuuri taas kerran majoituksen suhteen. Aamupalaa ei pakettiin majoitustyypin nimestä huolimatta kuulunut, mutta ei se haitannut, kun meillä oli kauppa vieressä ja oma keittiö. Yöpyminen maksoi kaupunkiveroineen 100 euroa yöltä. Mielestäni hinta oli kohtuullinen, kun kyse oli omasta kämpästä Venetsiassa.

Lähdettiin ihmettelemään kaupunkia. Päätettiin kierrellä ensin majapaikan lähistöllä. Arveltiin, että parin viikon vuoristossa olon jälkeen valtavaan ihmispaljouteen totuttelu kannattaa aloittaa pieninä annoksina. Alueella oli idyllisiä kujia ja yllättäen hyvinkin hiljaista. Olin ajatellut, että Venetsia on täynnä turisteja ja miettinyt, miten sellaista jaksaa viikon ajan. Mutta tämä puoli kaupunkia ei ollut sellainen. Sain paljon kuvia täysin tyhjistä kaduista. Katujen yläpuolella riippui talojen väliin kiinnitetyillä naruilla pyykkiä kuivumassa. Sunnuntai taitaa olla täällä pyykkipäivä. Käytiin myös syrjäisemmällä saarella, jossa on iso ränsistymään päässyt kirkko.

Vanhukset istuskelivat sen portilla juttelemassa. Mukava tunnelma. Illalla käytiin rantakadulla, jonka kaikki Venetsiassa käyneet tietävät. Käytiin myös San Marcon aukiolla. Vaikuttava paikka. Oli pitkä päivä takana ja lähdettiin majapaikalle. Päätettiin oikaista, niin nähdään samalla kaupunkia. Kyllähän me nyt osataan suunnistaa, jos kerran on pari viikkoa pärjätty kartan kanssa vuorilla. Tunnin kävelyn jälkeen huomattiin olevamme lähtöpaikassa! Mentiin tästä viisastuneena takaisin rantakatua pitkin.

16 Venetsia

Päätettiin etsiä kirjakauppa ja ostaa Venetsian opas. En ollut tutustunut Venetsiaan ennen reissua. Kai sitä on hieman taikauskoinen sen suhteen, ettei mene asioiden edelle. Parin viikon vuoristovaelluksessa on niin paljon liikkuvia osia, etten halunnut ennakoida, mitä Venetsiassa tehdään. Kirjaa etsiessämme päädyimme kävelemään koko kaupungin läpi rautatieasemalle saakka. Kuljettiin luultavasti reitti, jonka kaikki kaupungissa käyvät turistit kävelevät, jos eivät tule rautatieasemalta suoraan veneellä, kuten me eilen tehtiin. Tämä on juuri niitä kaupunkeja, joissa on mukava vaan kävellä ilman sen tarkempaa määränpäätä. Kuvattavaa riittää.

Päätettiin ajaa vesibussilla Lido-nimiselle saarelle. Se olikin aivan erilainen paikka, lomaparatiisi, jossa oli paljon huviloita. Oltiin hiekkarannalla pari tuntia. Käytiin uimassa. Poika ui ensimmäistä kertaa Välimeressä ja minäkin vasta kolmatta kertaa.

Oli todella kuuma päivä, kadulla näkemäni mittarin mukaan 33 astetta. Rannalla käveli koko ajan tyyppejä myymässä rantaviltejä. Mekin sellainen ostettiin, kun oli tullut lähdettyä rannalle ihan spontaanisti. Myöhemmin todettiin, että se haisi oudolta ja heitettiin se roskiin. Eipä tuo paljon maksanut. Tultiin takaisin kämpille, ostettiin ruokaa ja lämmitettiin mikrolla. Hellakin olisi ollut ja kattiloita ynnä muuta tarvittavaa, mutta sen käyttö jäi väliin. Ei ole tuo ruuanlaitto ollut koskaan vahvimpia puolia - syöminen senkin edestä. Illalla lähdettiin vielä kävelylle, kun pahin helle oli ohi. Huomattiin, että San Marcon aukiolla olevaan torniin pääsi maksua (8 e) vastaan katselemaan maisemia. Pienen jonotuksen jälkeen oltiinkin kaupungin yläpuolella. Tornista huomasi hyvin, kuinka laaja kaupunki on. Oltiin siellä juuri auringonlaskun alkaessa, valokuvaajan kannalta parhaaseen aikaan. Valo oli pehmeää.

94

Seuraavana aamuna jonotettiin San Marcon katedraaliin. Kirkko on suuri, mutta ulkoa sen kokoa ei hahmota. Sisäänpääsymaksua kirkkoon ei ollut, mutta sen sisällä oli useampia osastoja, jotka olivat museoita ja niihin oli pääsymaksut. Käytiin ne kaikki läpi. Kirkon tärkein nähtävyys on San Marcon eli evankeliumin kirjoittajan Markuksen pyhäinjäännössarkofagi, jonka venetsialaiset kauppiaat olivat tarinan mukaan ryöstäneet Egyptistä ja tuoneet tänne.

Suurimman vaikutuksen minuun teki bysanttilaistyylinen kullattu mosaiikki, jota kirkon katossa ja seinissä oli, jos oikein ymmärsin, 8000 neliömetriä. Se on paljon se. Mosaiikkikoristelu oli mielestäni tyyliltään samanlaista kuin Kaarle Suuren rakennuttamassa Aachenin kirkossa, mutta mittaluokka oli täällä aivan toinen. Samantyyppistä mosaiikkia ihmeteltiin vaimon kanssa edellistalvena Istanbulissa Itä-Rooman pääkirkkona toimineessa Hagia Sofiassa. Ymmärsin niin, että tämä San Marcon katedraali oli vuosisatoja ainoastaan Venetsian valtion päämiehen eli Dogen yksityiskäytössä ja vasta parisataa vuotta sitten Napoleonin vallattua alueen se tuli yleisempään käyttöön. Todella vaikuttava paikka.

Jatkettiin Taideakatemiaan, jossa on näytillä taidetta erityisesti 1200-1400-luvulta. Tuolloin maalaustaide painottui raamatun aiheisiin. Onneksi oli poika mukana, niin sai selostukset, mistä raamatunkohdasta missäkin taulussa oli kyse. Sama tapahtui myös aiemmin katedraalissa, jossa ihmettelin ääneen, mitähän tuossakin mosaiikkityössä kuvataan. Poika alkoi tyynen rauhallisesti kertoa, mistä kuvassa on kyse. Oli näköjään ollut hereillä uskonnontunneilla.

Hypättiin taiteen kehityksessä 700 vuotta eteenpäin, kun mentiin Peggy Guggenheimin museoon. Poika ei edelleenkään pitänyt Picassosta, kuten ei Helsingissä olleessa näyttelyssäkään, jossa käydessään oli tosin vielä nuori. Isovanhemmilleen, jotka olivat menossa tuohon näyttelyyn, hän totesi tuolloin: "En kyllä voi valitettavasti suositella teille sitä Pikatsua". Eipä silti, en minäkään

Picasson töistä erityisemmin pidä. Muuten näyttely oli kuitenkin todella hyvä, yksi suosikkimuseoitani. Itse pidin erityisesti Delaunayn ja Magritten esillä olleista töistä, Molemmat pidimme Malewichin ja Kandiskyn tauluista. Poika piti erityisesti Helionin hyvin abstraktista teoksesta, jossa hän näki koiran kasvot. Olihan ne siinä, kun osasi oikein katsoa. Mielenkiintoista oli huomata, että museokaupassa oli myynnissä suomalaisia Aallon maljakoita.

Ostettiin pizza-slaissit ja mentiin syömään niitä San Marcon aukion rannasta näkyvän viereisen saaren kärkeen. Paikalla on taidekompleksi, jossa emme käyneet. Aiemmin siinä on ollut tullivarasto, jossa kaikki Venetsiaan saapuva tavara on aikanaan tullattu. Istuttiin suuren kirkon portaiden lähelle hienoihin maisemiin ja otettiin pizzat esille. Samalla hetkellä selkäni takaa syöksyi lokki, joka otti ensin laskeutumistukea päästäni ja sitten pizzan käsistäni. Inhottava kokemus. Ei löydy mitään ymmärrystä näitä luontokappaleita kohtaan, kun puhutaan siitä, pitäisikö niitä sietää esimerkiksi Helsingin kauppatorilla tai muissa vastaavissa paikoissa.

Päätettiin vielä lähteä Lidon rannalle, kun sää oli hyvä ja kuumin osa päivästä takana. Tällä kertaa oli myös majapaikan pyyhkeet mukana. Pyyhettä meillä ei reissussa mukana ollut, kun majoilla pärjää hyvin johonkin mukana olevaan vaatteeseen kuivaamalla. Lidossa olin jo varaamassa rantatuolia, mutta tyydyin rantahiekassa makoiluun huomattuani, että joutuisin maksamaan koko päivän hinnan, vaikka tuoli olisi käytössä enää tunnin. Poika oli pitkiä aikoja omilla teillään. Oli kuulemma käynyt pelaamassa futista rannalla tapaamiensa poikien kanssa. Tähän rantalomailun ja museoiden yhdistelmään voisi helposti tottua.

Seuraavana aamuna lähdimme tutustumaan Venetsiaa aikanaan johtaneen Dogen palatsiin eli Pallazzo Ducaleen. Mielenkiintoinen rakennus, jossa on yhdistetty tyylikkäästi renessanssiarkkitehtuuria ja goottilaista tyyliä, kuten useassa muussakin rakennuksessa Venetsiassa. Varsinkin suuret maalaukset tekivät vaikutuksen. Yksi niistä oli tilattu kilpailun kautta. Tämän ehkä viisisataa vuotta sitten tehdyn tarjouspyynnön kohteena oli ollut parinkymmenen metrin levyinen öljyvärikuvaus paratiisista. Tilauksen saanut kaveri oli älynnyt lisätä maalaukseensa Venetsian tärkeimpien herrojen kasvot. Osasi niin sanotusti vetää oikeasta narusta.

Myös taisteluja kuvaavat maalaukset olivat kiinnostavia. Ne olivat hämmästyttävän tarkkoja ja niistä pystyi erottamaan esimerkiksi sotilaiden ampumat yksittäiset nuolet. Museossa oli esillä myös vanhoja tuliaseita. Venetsian suuruuden päivät sijoittuvat aikaan, jolloin ruutia alettiin käyttää taisteluissa. Tällöin syntyi hieman epäreiulta vaikuttavia tilanteita, kun Venetsian armeijalla oli kiväärejä ja tykkejä ja vastassa olleella Ottomaanien armeijalla jousipyssyjä ja keihäitä. Mielenkiintoista oli oppia, että Doge ei ollut yksinvaltias, vaan päätöksentekojärjestelmä oli itse asiassa varsin hajautettu. Ei nyt sentään demokraattinen, mutta sinne päin. Oletin museosta löytyvän enemmän tietoa Venetsian kauppamahdista ja siitä, miksi se sellaiseksi muodostui. Piti ostaa tämän selvittämiseksi museokaupasta kirja.

Käytiin myös San Marcon aukion toisella laidalla sijaitsevassa Museo Correrissa, kun tuli ostettua museopassi (meiltä yhteensä 42 euroa), jolla pääsi useampaan museoon. Museossa oli esillä taidetta antiikin Kreikasta nykytaiteeseen. Kaikkea ja enemmän on harvoin toimiva ratkaisu museoiden kohdalla.

Danubia-kirjassa, jota matkan aikana luin, käydään läpi myös aikakautta, jolloin Itävalta hallitsi Venetsiaa. Muistan, kun ensimmäistä kertaa Wienissä käydessäni huomasin, että siellä on merimuseo. Meni jonkin aikaa ennen kuin hahmotin mistä on kyse, kun Itävallasta ei tullut ihan ensimmäisenä mieleen merenkulku.

Mutta ei siitä ole kuin reilut sata vuotta, kun Itävalta oli Välimeren rantavaltio ja siihen kuului myös Venetsia. Venetsiaa hallittiin tuolloin rakennuksesta, jossa nykyisin on Museo Correr. Tämä selittää sen, miksi tässä museossa voi tutustua myös esimerkiksi Itävallan keisarinna Sissin käyttämiin huoneisiin. Kun Napoleon valtasi Venetsian alueen, hän määräsi osan tämän palatsin huoneista muutettavaksi empire-tyyliin. Myös näihin huoneisiin pääsee nykyisin tutustumaan Museo Correrissa. Napoleon ei kuitenkaan ehtinyt nähdä uudistettua rakennusta valmiina, koska menetti sitä ennen valtansa. Samaa empire-tyyliä löytyy myös Helsinkiin Venäjän tsaarin toimesta samoihin aikoihin rakennetuista julkisista rakennuksista, kuten Smolnasta.

Lounaan jälkeen lähdettiin vesibussilla Muranon saarelle, joka tunnetaan lasitaiteesta. Lasimuseossa, johon museopassi myös kävi, oli erittäin hyvin toteutettu esittelyvideo lasin valmistuksesta. Lasia oli esillä varhaisista ajoista lähtien. Lasimuseon museokaupassa oli nostettu esille kaksi kirjaa, joista toinen käsitteli Muranon lasia ja toinen suomalaista lasia. Kävi ilmi, että Venetsiassa oli parhaillaan suomalaisen lasitaiteen näyttely. Suomalaiset lasitaitelijat olivat vahvasti esillä Muranon lasiliikkeissä, joita kierrettiin. Kun kiirettä ei ollut, käytiin läpi kaikki lasimuseon ja vesibussin pysäkin välillä olleet parikymmentä lasikauppaa. Hauskaa ajankulua. Samalla tuli hoidettua tuliaispuoli. Pojan kanssa meillä näytti olevan hieman eri maku lasitaiteen suhteen, mutta yhdessä suhteessa kuitenkin sama - kallis.

Muranossa käytiin myös todella vanhassa kirkossa nimeltä Basilica Santa Maria e San Donato. Paikalla on ollut kirkko jo 600-luvulla. Tuolloin mantereella oli kansainvaelluksista johtuneita levottomuuksia ja ihmiset siirtyivät turvaan Venetsian laguunin saarille, joille oli helppo piiloutua ja linnoittautua. Tästä muuttoliikkeestä sai alkunsa Venetsia. Nykyinen kirkkorakennus on 1100-luvulta, jolloin se rakennettiin kymmenen euron seteleistäkin tuttuun romaaniseen tyyliin. Värikäs lattiamosaiikki oli vaikuttava.

Hämmentävää oli tajuta lattian ikä. En nyt ihan kaikkia rahojani menisi lyömään vetoa sen puolesta, että nykyisin tehty lattia on jäljellä ja niin hyvässä kunnossa vielä vuonna 2900.

Tätä päivää voisi varmaan hyvällä syyllä kutsua museopäiväksi.

Lähdettiin heti aamusta katsomaan Venetsian Biennaalia, kun sitä joka puolella mainostettiin. Sen sisäänpääsyportti oli vain parinsadan metrin päässä kämpiltämme. Olin kyllä kuullut Biennaalista, mutta tarkemmin en tiennyt, mistä oli kyse. Kävi ilmi, että parittomina vuosina siellä esitellään taidetta ja parillisina arkkitehtuuria, nyt siis taidetta. Oli mielenkiintoista kulkea eri maiden paviljongeista toiseen. Niitä oli kymmeniä. Biennaalin alue on valtava ja siihen saa helposti kulumaan koko päivän. Näin kävi meilläkin.

Tuli kerralla hyvin kattava kuva nykytaiteesta. Sen perusteella tein omat johtopäätökseni: kolmasosaa siitä en ymmärrä lainkaan, kolmasosasta en pidä, kuudesosa on mielenkiintoista ja kuudesosa erinomaista. Täällä meillä oli pojan kanssa sama maku. Parhaat näyttelyt olivat mielestämme Japanilla, Hollannilla, Yhdistyneillä Arabiemiraateilla, Ranskalla ja pääsponsori Swatchilla. Suomen paviljongissa oli videoteos, joka kuvasi puiden juurien kasvua taustoitettuna konemaisella äänellä. Mitenkä sen nyt kauniisti sanoisi? Disneyn Bambi-elokuvasta on jäänyt mieleen kohtaus, jossa jänisemo opastaa poikastaan toteamalla, että jos ei ole mitään hyvää sanottavaa, on parempi olla hiljaa. Pettymystä lievitti hieman se, ettei Ruotsin näyttely ollut sen parempi. Eestillä ei jostain syystä ollut näyttelyä tai me ei löydetty sitä.

Tänään meidän piti vaihtaa yöpaikkaa, koska neljä yötä tuli täyteen. Olisimme voineet saada samalta B&B välittäjältä toisen paikan jostain lähistöltä, mutta matkabudjetin edes jollain tavoin kurissa pitämiseksi päädyin siihen, että käytämme matkan parille viime päivälle

99

varaamani majoituksen, koska se oli niin halpa, vain 80 euroa kahdelta yöltä meiltä molemmilta ja siihen kuului myös aamupala eli 20 euroa yöltä per nuppi. Tietenkään tämän hintainen paikka ei voi olla Venetsian parhailla paikoilla, vaan se oli mantereen puolella.

Saimme nyt tutustua Venetsian ja mantereen välillä liikkumiseen myös busseilla. Linja-autoasemalta löydettiin oikea bussi sähköpostissa B&B -paikan isännältä saamieni ohjeiden mukaisesti. Matka kulki läpi hyvin epämääräisten teollisuusalueiden ja kieltämättä mielessä kävi, että mitähän tästä tulee. Kun bussi jätti meidät maantien varteen maissipeltojen keskelle paikkaan, jossa ei ollut sillä kohtaa muuta kuin tuo pysäkki, alkoi vähän mietityttää. Käveltiin ohjeiden mukaan vilkkaasti liikennöidyn maantien reunaa ja tultiin talolle, joka vaikutti olevan oikea. Sisällä ei ollut kuitenkaan ketään ja ovi oli lukossa. Majapaikassa ei siis asu ketään. Mielestäni sana motelli kuvaisi sitä paremmin kuin B&B.

Soitin saamaani numeroon. Ei ehditty puutarhatuoliin istahtaa, kun noin viisikymppinen urheilullisen näköinen mies ajoi jo polkupyörällä pihaan. Juteltiin niitä näitä käytännön jutuista, kuten busseista, joilla huomenna pääsisimme Venetsiaan. Ottaessaan ylös passeista tietojamme hän alkoi puhua Suomesta ja sen kuuluisista ralliautoilijoista. Kävimmekin pitkän ja mielenkiintoisen keskustelun vanhoista rallitähdistä ja 80-luvun superluokan autoista, joita itsekin ehdin nähdä Jyväskylän suurajoissa ennen kuin tämä autoluokka kiellettiin. Tuolloinhan italialainen Lancia oli yksi parhaista talleista ja sen ajajat, kuten Alen suuria sankareita varsinkin täällä Italiassa. Näiden todella tehokkaiden autojen käyttö kiellettiin, kun Lancia-kuski Henry Toivonen ajoi ulos Korsikan rallissa ja kuoli. Käytiin samalla läpi myös moottoripyöräily ja varsinkin Jarno Saarinen, jota majatalon isäntä moottoripyöräilyä itsekin intohimoisesti harrastavana ("passion") arvosti suuresti. Saarinenkin kuoli kilpailutilanteessa. Myös isäni on kertonut usein Jarno Saarisesta ja kävimme joku vuosi sitten Urheilumuseossa katsomassa Saarisen urasta kertovan näyttelynkin. Isäni hankki hiljattain reilun 70-vuoden nuorekkaassa iässä vielä moottoripyörän. Voisin kuvitella, että tulisivat erinomaisesti juttuun keskenään tämän majapaikan pitäjän kanssa.

Vielä piti selvittää majapaikkaan kirjautuessa tyypilliset pakolliset tiedot eli suosikkijalkapallojoukkueet. Mies oli ehdottomasti AC Milanin kannalla. Muita vaihtoehtoja ei ollut koskaan ollut. Siitä päästiinkin pelaajiin. Erityisen vilkas keskustelu käytiin Zlatanista, joka pelasi vielä jokin aika sitten AC Milanissa. Hänestä tämä majatalon isäntä ei kuitenkaan tainnut oikein pitää. Ei kuulemma ole joukkuepelaaja, mikä ei Zlatanin elämäkerran perusteella olisi suuri yllätys. Suomen jalkapallon osalta keskustelu jäi hyvin lyhyeksi.

Näytin majatalon pitäjälle seuraavana aamuna reittikuvausta ja karttoja, joita hän suurella kiinnostuksella tutki. Hän taisi olla varsin vaikuttunut meidän vaellusreissusta ja erityisesti pojan osuudesta. Päättelen näin siksi, että lähtiessämme hän totesi pojalleni: Finnish Superman! Soittarina hänellä oli puhelimessa Deep Purplen biisi eli siltäkin kannalta oltiin samalla aaltopituudella. Huipputyyppi, noin lyhyesti sanottuna.

Aamupalalla tuli majapaikan isännän kanssa puhetta siitä, mitä tänään voisi tehdä. Hän ehdotti, että kun olette vaeltajia, kiertäkää Venetsian laguuni. Tuumasta toimeen. Ajettiin bussilla ensin parikymmentä minuuttia Venetsiaan, josta vesibussilla Lidon saarelle. Siellä oli kova tuuli. Rantahiekka pöllysi siinä määrin, ettei rannalla voinut oikein makoilla, ainakaan silmät auki. Jälkikäteen huomasin, että hiekka oli tunkeutunut kameran linssiin siten, ettei kameran sisään menevä linssimekanismi enää toiminut. Kamera oli jo vanha, joten ei siinä suurta vahinkoa tullut.

Etsittiin bussi, joka veisi meidän saaren kärkeen. Tämän saari on muodoltaan kapea ja pitkä. Se estää käytännössä meriveden vapaan kulun Venetsiaan. Sen ja Venetsian välille jää siis laguuni, noin 20 kilometriä halkaisijaltaan. Löydettiin oikea bussi, mutta kun kysyin kuskilta, meneekö tämä kartalta näyttämääni paikkaan, hän totesi ei - vastoin aiemmin lippuluukulta saamiani ohjeita. Asiaa vielä selvitettyäni, sain tietää, että kyllä se sinne menee. Bussi oli kuitenkin jo tässä vaiheessa lähtenyt. En tiedä, mikä siinä meni pieleen, mutta odotettiin reilu puoli tuntia seuraavaa. Seuraavalla bussilla päästin saaren kärkeen, jossa viimeisen pysäkin jälkeen bussi yllättäen ajoi autolauttaan. Olin kuvitellut, että siinä olisi ollut päättäri ja matkustajat olisivat siirtyneet lauttaan, mutta sinne menikin koko bussi. Mikäpä siinä. Jonkin aikaa vielä jatkettiin seuraavalla saarella bussin kyydissä ennen kuin tultiin päättärille, jonka vieressä oli vesibussin pysäkki. Vesibussimatka kesti yllättävän kauan ja päätyi lopulta suurempaan kylään nimeltä Chiaggo.

Chiaggon kävelykadulta ostettiin katukauppiaalta paidat. Poika oli sitä mieltä, että paitani ei enää tuoksunut erityisen raikkaalta, noin kauniisti muotoiltuna. Reissussa mukana olleita ei oikein enää kolmen viikon hikoilun jälkeen saanut käsipyykillä puhtaaksi ja arvelin paluulennon muitakin matkustajia ajatellen olevan kohtuullista hankkia puhdas paita. Ostin suosikkini Pirlon paidan, en kuitenkaan Juventuksen paitaa, vaan sinisen Italian maajoukkuepaidan. Tuli mieleen yläasteen teknisten töiden tunnit, joilla tehtiin jakkaraa. Opettaja kysyi, minkä väriseksi olen sen aikonut maalata. Totesin, että Juventuksen väriseksi. Opettaja taisi olla urheilumiehiä, kun totesi heti, että lähdetäänpä hakemaan valkoista ja mustaa maalia. Poika osti AS Roman paidan, koska se on kuulemma hänen suosikkijoukkueensa Italiassa. Valintaan saattoi tosin vaikuttaa enemmän hänen tyylikkääksi kehumat AS Roman värit. Seuraavana päivänä lounaalla Venetsiassa italialainen tarjoilija kommentoi pojan uutta paitaa hyväksi valinnaksi, erityisesti siksi, että selässä luki Totti. Hän on siis AS Roman seuralegenda tai kuten tämä mies asian kiteytti: Capitano. Eikä tarkoittanut vain kapteenina toimimista.

102

Chiaggosta otettiin bussi Sottomarinaan, jonka ranta oli vielä Lidoakin parempi. Siellä oli yli 20 numeroitua rantaa, joissa kussakin rantatuoleja ja ravintoloita. Vietettiin rannalla useampi tunti. Tosi mukava kokemus. Paluumatka bussilla majapaikkaan sujui helposti. Tämä laguunikierros oli noin sadan kilometrin pituinen. Illalla käytiin syömässä majapaikkaa lähellä olevassa ravintolassa valtatien varressa keskellä ei mitään. Siellä oli aivan erinomaiset ruuat, mikä taisi olla yleisemminkin tiedossa, koska paikka oli aivan täynnä. Varmaan se oli paikallisten arvostama ruokapaikka. Rahalle sai hyvin vastinetta, toisin kuin Venetsian turistialueiden ruokapaikoissa, joissa tuli syötyä parikin ylihinnoiteltua keskinkertaista pizzaa.

Seuraavana päivänä olin kotiinpaluun aika. Ehdimme kuitenkin vielä taidetta ihmettelemään, tällä kertaa nykytaiteen museoon. Näyttelyn mielestäni tärkein ja kiinnostavin työ oli Rodinin veistos Ajattelija. Myös poika piti siitä. Oli myös yksi Gustaf Klimtin työ, jolla museota eniten mainostettiin. Niitä tuli nähtyä enemmänkin Wienissä. Niissä on jotain mystistä. Museossa oli esillä myös nykytaidetta, osa aivan luokattoman huonoja töherryksiä. Erään salin keskellä oli maalareiden käyttämät taitettavat portaat. Meni vähän aikaa huomata, että se olikin taideteos. Ei hyvää päivää.

Jatkoimme San Giorgion saarelle suomalaisen lasitaiteen näyttelyyn. Oli Sarpanevaa, Wirkkalaa, Aaltoa ja niin edelleen. Näyttely sopi hyvin tähän reissuun, kun käytiin aiemmin Muranon lasimuseossa ja lasikaupoissa. Näyttelyesineet olivat jonkun italialaisen yksityiskokoelmasta. Vaikuttava näyttely. Tunnettiin pientä ylpeyttä, kun suomalaiset olivat näin isosti esillä tässä hienossa kaupungissa.

Mentiin hyvissä ajoin kentälle. Mukava oli palata hyvän reissun jälkeen kotiin.

105

Lopuksi

Matka oli taas pieni seikkailu, kuten aiemmatkin pidemmät vaellukset. Tyytyväinen täytyy olla erityisesti siitä, ettei sattunut mitään haavereita. Ainahan sitä voi jotain sattua ja tällaisella reitillä varsinkin.

Poika pääsi kokeilemaan rajojaan ja sai onnistumisen kokemuksia. Oli myös hyvä huomata, että hän oli aidosti kiinnostunut vaeltamisesta. Tämä kävi ilmi viimeistään silloin kuin häneltä lähti kynsi, mutta hän halusi kuitenkin jatkaa matkaa. Jos vaellus ei olisi maistunut, olisi siinä ollut helppo todeta, että ei pysty. Sinnikäs kaveri. Itselleni oli todella mukavaa, että poika oli mukana. Vaikka olemme reissanneet muutenkin paljon yhdessä, ei sitä voi ottaa itsestäänselvyytenä, että iskän kanssa reissaaminen kiinnostaa. Kannattaa käydä nyt, kun lapsella on vielä kiinnostusta ja aikaa. Kolmen viikon aikana ehtii jutella ja tapahtua kaikenlaista eikä kummallakaan mennyt hermot toisen suhteen - ainakaan minulla. Luulen, että itse asiassa kovin moni ei ole ollut tämän ikäisen lapsen kanssa kolmea viikkoa kahdestaan käytännössä joka ikinen tunti. Siinä voisi tulla erimielisyyksiäkin, varsinkin kun useina päivinä molemmat olivat aika väsyneitä. Mutta ei tullut ja hyvin se meni.

Matkalla tavattiin taas mukavia ihmisiä ja luotiin ystävyyssuhteita. Useat aiemmilla vaelluksilla syntyneistä tuttavuuksista ovat säilyneet kirjeenvaihdon ja vierailujen muodossa. Matkat jatkuvat tälläkin tavoin paljon pidempään kuin vain vaelluksella käytetyn ajan. Sitä on ikään kuin pitkin vuotta vaelluksella, kun kirjoittaa edellisestä reissusta pikkuhiljaa tekstiä ja suunnittelee seuraavaa vaellusta. Sama pätee tietysti myös näihin kirjoihin, kun niihin voi palata pidemmänkin ajan jälkeen. Ne eivät sisällöltään juuri vanhene, koska vaellusreitit pysyvät pitkälti samoina vuodesta toiseen.

AV2 oli ennalta arvatun vaativa, mutta todella mielenkiintoinen. Maisemat olivat parhaat tähän mennessä näkemistäni ja hyvin erilaiset kuin muualla Alpeilla tai Tatralla näkemäni. Suosittelen. Suositella voi myös Venetsiaa, jossa nähtiin paljon mielenkiintoista taidetta ja päästiin myös rannalle. Meillä oli hyvin monipuolinen ja onnistunut reissu kaiken kaikkiaan. Vaellusloma, kaupunkiloma ja rantaloma yhdessä paketissa, eipä sitä yhdeltä lomalta enempää osaa edes kuvitella.

Dream Way Münchenistä Venetsiaan

—

Dolomiittien osuus

Johdanto

Kesän 2018 vaellusreissulla tarkoituksena oli ylittää Alpit. Aloitetaan Etelä-Saksasta ja jatketaan Italiaan. Aika selkeää. Miksikö sinne? No, jokainen vaellusreissu on ollut seurausta edellisestä. Edellisenä vuonna Itävallassa joku kehui Dream Way -nimistä reittiä välillä München-Venetsia. Ajattelin, että mikäpä siinä, tuumasta toimeen. Onhan se turhan pitkä mutta huomasin, että sen vuoristo-osuus on mahdollista kävellä noin kolmessa viikossa. Virallinen reitti alkaa Münchenin Marienplatzilta, minkä jälkeen on muutama tasaisempi etappi ennen Alppeja. Tasamaata riittää Suomessakin, sen kävelyyn en lomaani halua käyttää. Kuten Retki-lehdessä edellisestä kirjastani tehdyn jutun otsikko kuului: "Vuorten ystävän tunnustuksia". Näinhän se on, minua kiinnostaa nimenomaan vuoristo. Niinpä suuntasimme suoraan Bad Tölziin, josta reitin vuoristo-osuus alkaa.

Tällä reissulla olin taas poikani kanssa. Ikää hänellä oli 16 vuotta, itsellä 30 enemmän. Olihan tämä nyt hänen kanssaan hieman erilaista kuin Tatralla 10 vuotta sitten, jolloin hän aloitti Muumi-reppu selässä tämän mainion kesäharrastuksen. Itse olin tehnyt vuoristovaelluksia vuodesta 2004 lähtien, aluksi Tatralla ja viime vuosina enimmäkseen Alpeilla. Edellinen reissu pojan kanssa oli tehty Pyreneillä pari vuotta sitten, jolloin oltiin GR10-reitillä vajaat kolme viikkoa. Nyt oli edessä ajallisesti suurin piirtein saman pituinen, mutta vaativampi reitti.

Helsingissä, syyskuussa 2018

Tässä kirjassa julkaistava Dream Wayn kuvaus kattaa Dolomiittien etapit ja tämä stilisoitu tarina alkaa siksi edellisestä kertomuksesta tutulta Rifugio Pisciadulta, jonka kautta myös Dream Way kulkee. Sinne päästessä olimme taittaneet matkaa Saksan ja Itävallan vuorilla jo 11 päivää.

Helsingissä, elokuussa 2024

N

GERMANY

MUNICH

KARWENDEL ALPS

HALL IN TIROL

TUXER ALPS
ZILLERTAL ALPS

PFUNDERS

AUSTRIA

DOLOMITES

ALLEGHE

BELLUNO

ITALY

VENIGE

SLOVENIA

DREAMWAY

N

PFUNDERS

NIEDERWINTL RIVER RENZ

KREUZWIESEN ALM

BRIXEN

WÜRZJOCH

AV2

SCHLÜTERHÜTTE

PUEZHÜTTE

PASSO
GARDENA

RIFUGIO PISCIADU

RIFUGIO BOE

PASSO
PORDOL

RIFUGIO VIEL DAL PAL PAN

MARMOLADA

MALGA
CIAPELA

ALLEGHE

ALTA
VIA2

CAPRILE

PASSO
PELLEGRINO

DREAM WAY
RIFUGIO
TISA

AV2

AV1

LAGO
DI
BRAIES
FODIN

LANARELLA

LAGAZUOI

NUVOLAU

PASSO
GIAU

CITTA DI FIUME

DREAMWAY
52 AV1

17 Pfunders – Rifugio Pisciadu

Tänään olikin edessä vähän erikoisempi päivä. Tarkoitus oli jättää seuraavat kolme-neljä etappia väliin, kun olimme kulkeneet ne jo kolme vuotta sitten AV2-reitillä. Tuo mainio vaellusreitti alkaa Pfundersia lähellä olevasta Brixenistä ja päätyy sieltä Malga Ciapelaan lähes samaa reittiä ja samojen majojen kautta kuin tämä Dream Way. Passo Gardenan ja Malga Ciapelan välin päätimme kuitenkin kulkea siitä myös tällä kertaa. Tuo osuus on niin hieno, ettemme halunneet sitä missata. Nyt piti siis siirtyä Niedervintlistä Passo Gardenaan. Pienehkö ongelma oli se, ettei minulla ollut aavistustakaan, miten se käytännössä tehdään.

Niedervintlissä bussia odotellut avulias rouva neuvoi meitä ostamaan siirtoliput (10 e), kun kuuli, että aioimme jatkaa vielä eteenpäin. Niillä kuljettiin seuraavat kaksi tuntia. Brixenissä bussi saapui rautatieasemalle, jota vastapäätä olevassa hotellissa olimme yöpyneet kolme vuotta sitten. Hyviä muistoja. Olisi ollut mukava käydä jututtamassa hotellin rouvaa, mutta juna lähti melkein saman tien. Sen tiedon saaminen oli kuitenkin kiven alla. Rautatieaseman lipunmyynnissä nainen löi luukun edestäni vihaisena kiinni, kun aloin puhua englantia. Ei osannut sitä ja ratkaisi tilanteen tällä tavalla. Valitettavan useilla ihmisillä on tapana alkaa tiuskia tilanteissa, joita eivät hallitse. Seuraavalla luukulla työskennellyt mies onneksi suostui neuvomaan ja päästiin jatkamaan matkaa. Kyydistä piti jäädä kahden pysäkin jälkeen. Näin tehtiin.

Istuin junassa valkoiseen asuun pukeutunutta nunnaa vastapäätä. Kaipa hän oli töihin menossa, virka-asussa. Eksoottinen näky suomalaiselle. Seuraavan juna-aseman kahvilassa työskennellyt ystävällinen nuori nainen neuvoi ilomielin, mihin bussiin meidän tulisi mennä ja tuli vielä ulos näyttämään, missä pysäkki on. Täysin päinvastainen meininki kuin edellisellä asemalla, vaikka tämän naisen

112

toimenkuvaan ei edes kuulunut neuvonta. Hänhän oli töissä kahvilassa. Hänkään ei osannut englantia, mutta asia tuli selvitetyksi. Kyse on siitä, miten suhtautuu ihmisiin ja uusiin tilanteisiin.

Oli vaikeuksia suunnistamisessa, koska ei ollut karttaa, josta olisi nähnyt, missä olimme. Oli vain kartta, jossa näkyi määränpäämme eli Passo Gardena. Ei ollut käsitystä reitistä eikä etäisyydestä. Kuski ajoi pientä vuoristotietä niin hurjaa vauhtia, etten ehtinyt lukea kylttejä tienvarressa. Minulla ei ollut aavistustakaan, milloin jäädä pois kyydistä. Näytin kartalta määränpäätämme edessä istuneelle herralle, joka sanoi, että ei vielä. Puolen tunnin jälkeen hän yllättäen kääntyi minuun päin ja sanoi: "Nyt!". Selkeää toimintaa ilman turhia jorinoita. Olikohan suomalaisia sukujuuria? Jäätiin bussista keskellä viihtyisän näköistä vuoristokylää, jonka nimeksi selvisi Wolkenstein. Sieltä piti karttani mukaan päästä parilla hissillä vuoren toiselle puolella Passo Gardenaan. Yritin selvittää myös jatkoyhteyttä bussilla, mutta emme saaneet siitä selvää pysäkin taulun perusteella. Turisti-info oli kiinni ja aukeaisi vasta puoli kolmelta. Kylän raitilla olevalta hissiasemalta sain neuvon kävellä toiseen suuntaan toiselle hissiasemalle.

Kävellessämme tultiin taksitolpalle. Jututin kuskia, joka kertoi voivansa ajaa meidän perille 35 eurolla. Hän ei tiennyt hissilipun hintaa, mutta arveli, että ainakin 15 euroa per nuppi. Hissejä olisi tuolla välillä itse asiassa kaksi. Käytännössä sama hinta, mutta ensin pitäisi etsiä hissi ja toivoa, ettei sekin ole lounastauolla, ja aikaa kuluisi enemmän. Tarkoitus oli nimittäin jatkaa vielä tänään reitillä. Mentiin taksilla, joka vei meidät mutkaista tietä ylös Passo Gardenaan (2120 m). Tuttu paikka. Syötiin samassa ravintolassa kuin edellisreissulla (30 e).

Lähdettiin reitille vartin yli kaksi. Tämä nousu jo tunnettiin. Todella dramaattinen, jyrkkä reitti kallioiden keskellä. Paljon irtosoraa ja vaijereita. Reittinumero on varsin osuvasti 666.

Pojan polvi vähän vihoitteli, mutta kesti. Alas samaa reittiä ja samoja vaijereita käyttäen tuli paljon väkeä. Lapsilla ja joillakin aikuisillakin oli valjaat. Sanoin pojalle, että laittaa hänkin, kun polvi ei ole täysin kunnossa. Tämä tapahtui kapeassa kohdassa kallioiden välissä keskellä jyrkkää nousua. Siinä oli ensimmäinen ja ainoa kerta tällä reissulla, kun tuli vähän tiuskaistua pojalle. Ärsytti, kun hän ei tiennyt, missä valjaat olivat, vaikka olin useasti jo sanonut, että reppu pitäisi pakata niin, että sieltä löytää heti hakemansa tavaran. Kannattaa pakata tavarat käyttötarkoituksen mukaan lajiteltuina kangaspusseihin (muovipussit rapisevat ärsyttävästi, kun pakkaa tavaroita reppuun yhteismajoituksessa aikaisin aamulla muiden vielä nukkuessa). Yksi pussi majalla, yksi reitillä ja yksi harvoin tarvittavia tavaroita varten. Näin ei tarvitse penkoa koko reppua läpi, kun etsii jotain. Tiuskiminen olisi pitänyt tietysti jättää väliin. Toisaalta, se oli ainoa kerta tällä reissulla, jolla oltiin käytännössä koko ajan yhdessä kolmisen viikkoa 24x7. Ihan hyvin tämä meiltä kokonaisuudessaan siis yhdessä sujui.

Reitti ylös oli tälläkin kertaa mahtava kokemus. Pidän näistä teknisemmistä osuuksista, joissa kuljetaan vaijereiden varassa. Ylhäällä onniteltiin toisiamme onnistuneesta noususta vaikealla reitillä. Käveltiin tutulle Rifugio Pisciadulle (2587 m). Erikoinen tunne, kuin olisi kotiin tullut. Täältä jäi viimeksi hyviä muistoja. Tyytyväisyyttä lisäsi se, että päivä oli kaiken kaikkiaan onnistunut hyvin. Kun vielä aamulla oli ollut vähintäänkin epäselvää, miten siirtyminen tapahtuisi, niin nyt oli tuokin asia selvitetty. Pfundersista Passo Gardenaan pääsee tietysti bussilla, bussilla, junalla, bussilla ja taksilla. Ei se sen monimutkaisempaa ole!

Majalla ystävällinen rouva kysyi, millä nimellä meidän varaus on. Tarjosin Korhosta. Ei löytynyt. Nimellä Aku löytyi. Sama juttu monissa edellisissä yöpaikoissa. Näytin rouvalle reppuuni ommeltua tämän majan merkkiä. Hän katsoi sitä innoissaan. Taidan vähän fanittaa tätä paikkaa. Syystä. Se on todella hienossa paikassa, todellinen vuoristomaja. Saatiin punkat makuusalista, jossa oli kerrossängyt 20 kulkijalle. Tilava huone. Tilasin oluen ja menin terassille aurinkoon. Kirjoitin ylös nämä tarinat ja tilattiin ruuat illalliselle. Täällä ruuat tilataan etukäteen listalta.

Illallisella lyöttäydyttiin pöytään, jossa oli berliiniläinen nuoripari ja italialainen mies. Tarinaa riitti. Puhuttiin vaellusreiteistä. Italialainen kertoi tekevänsä viikon pituisia retkiä Italian Alpeilla, useita kesässä. Nuoripari oli käynyt vaeltamassa Romaniassa ja Balkanilla. Montenegroa kehuivat erityisesti. Poika jutteli naisen kanssa talvella muutaman kuukauden ajan kokeilemastaan vegaaniruokavaliosta, jonka kuitenkin lopetti kyllästyttyään ruokien yksipuolisuuteen. Lopputulos tästä pojan keskustelun avauksesta oli, että pian koko pöytä keskusteli eri ruokavalioista. Kävi ilmi, että muut välttivät lihan syöntiä, jos kyseessä oli massatuotantoon perustuva ruoka. Tuotanto-olosuhteet olivat heille ihan oikeasti kriteeri, jolla ruokansa valitsivat. Meillä Suomessa näistä asioista puhutaan, mutta käytännössä harva jättää ruuan ostamatta tuotantomenetelmiin liittyvistä syistä.

Majalla oli pari amerikkalaisseuruetta. Heiltä kuulee usein mieleenpainuvia, kummallisia lauseita. Nuori nainen kertoi esimerkiksi, että: "Now I can think which hobbies I want to develop". Harrastuksiakin siis kehitetään, ei vaan päämäärättömästi tehdä jotain, joka tuntuu mukavalta. Hyvin suunnitelmallista on heidän lomailunsakin. Oli jo käyty Pariisissa ja Roomassa ja vielä pitäisi tällä parin viikon lomalla ehtiä vaelluksen lisäksi Berliiniin. Nainen kysyi toiselta perheeltä, matkustavatko nämä paljon ulkomailla. Toinen vastasi amerikkalaisen positiivisesti: "Kyllä, kävimme Kanadassa vuonna 2008!". Että näin. Tulee miettineeksi, mitä hyvä elintaso oikeastaan tarkoittaa. Kuinka korkea se itse asiassa on, jos lomaa on enintään pari viikkoa vuodessa, lasten yliopistokoulutusta varten pitää ruveta säästämään suurin piirtein ensi treffeillä ja terveyden kanssa saa tulla ongelmia vain, jos työnantaja kustantaa sairausvakuutuksen.

Seuraavana aamuna reitillä kuulin, kun tämä sama ulkomaanmatkailija kysyi tyttäreltään, paljonko kello on. Kun tytär vastasi, että vartin yli yhdeksän, äiti totesi: "We are running late!".

Mentiin nukkumaan jo yhdeksältä. Nukuin tosi sikeästi. Poika kuulemma ei, kun jotkut olivat jutelleet huoneessa myöhään. Ehdotin korvatulppien käyttöä. Käytän niitä itse aina tällaisissa tilanteissa. Yöpyminen juomineen maksoi 100 euroa.

Reitillä parisen tuntia.

Kävellyt korkeusmetrit: ylös 700 m. ja alas 0 m.

Nousu Rifugio Pisciadulle

18 Rifugio Pisciadu – Rifugio Viel dal Pan

Aamupala tarjotaan tällä majalla varsin tiukassa aikaikkunassa, seitsemän ja puoli kahdeksan välillä. Tämän päivän reitti on erityismaininnan arvoinen. Se nousee majalta 2587 metristä todella jyrkästi koko Dream Wayn korkeimpaan kohtaan nimeltä Altipiano delle Meisules (2962 m). Sen jälkeen maasto on kummallisen tasaista todella laajalla alueella. Tämä vuorimassiivi muistuttaa pöytää, jonka reunoilta riippuu pitkä pöytäliina. Joka suunnalta on jyrkkä nousu ylös ja ylhäällä melkein tasaista paria huippua lukuun ottamatta. Maisemat ovat kuin suoraan jostain scifi-leffasta.

Parin tunnin jälkeen tultiin kohtaan, jossa voi joko kulkea matalahkon huipun yli tai tuon vuoren reunaa pitkin kulkevaa Via ferrataa. Valittiin jälkimmäinen, kuten edelliselläkin kerralla kolme vuotta sitten. Jännittävä reitti, jonka reunalla on pudotusta satoja metrejä. Poika laittoi valjaat päälle. Ketään ei tullut vastaan toisin kuin eilisessä nousussa, jossa piti odotella vastaantulevia ja sumplia, missä järjestyksessä mennään.

Via ferratan jälkeen tultiin Rifugio Boelle (2873 m), jossa voi yöpyä. Tänä kesänä se ei kyllä houkutellut jäämään, koska pihalla oli nostokurki ja ympärillä työmaa. Näyttivät laajentavan majaa. Tässä kohtaa, varsinkin jos tekee lyhyemmän päivän tai on yöpynyt Rifugio Boella, kannattaa harkita kiipeämistä Piz Boelle 3152 metriin. Tämä vaikuttava pyramidin muotoinen vuori hallitsee maisemaa tällä osuudella. En ole ylhäällä käynyt, mutta reitti näyttää selkeältä.

Jatkettiin hissille, joka vie alas Passo Pordoihin (2239 m). Liput maksoivat 18 euroa. Sillä välttää todella jyrkän ja pitkän alamäen irtosorassa. Sitä pojan polvi ei olisi kestänyt. Alhaalla tien varressa oli kauppoja, ravintoloita ja autoilla tulleita turisteja. Paljon oli myös pyöräilijöitä - moottoreilla ja ilman. Nähtiin ensimmäistä kertaa tällä reissulla turistiryhmä. Olivat kiinalaisia. Nykyään heitä näkee Euroopan turistikohteissa enemmän ja enemmän, nyt näköjään myös vuoristossa. Mielenkiintoista, mikä on tilanne parinkymmenen vuoden päästä. Löydettiin keskeltä tätä turistirysää yllättävän edullinen ravintola, jossa syötiin pizzat. Löytyi myös wifi. Tarkistin Facebookin. Viimeisimpään päivitykseeni Vaellus-ryhmässä toissa päivältä oli tullut 470 tykkäystä. Käsittämätöntä. Oli myös muutama hyvä kysymys. Mukava huomata, että aihe kiinnostaa.

Lounaan jälkeen oli lyhyt nousu, jonka jälkeen leveä tasainen polku vuoren rinteellä keskellä vihreitä niittyjä. Vastapuolella laaksoa näkyi Dolomiittien korkein kohta, Marmoladan jääpeitteinen huippu. Vuoren teräksenvärinen kallio loisti auringossa. Sen edessä alempana laaksossa on tekojärvi ja sen molemmissa päissä pato. Huomenna jatketaan sinne. Mahtavat maisemat siis.

Saapuessamme Rifugio Viel Dal Panin majalle alkoi sataa. Hyvä ajoitus. Majan nimi viittaa leivän tiehen. Tästä on aikoinaan kulkenut tärkeä jauhojen kuljetusreitti. Majalla isäntä pyysi kirjoittamaan nimeni paperiin, meni sen kanssa johonkin, palasi ja sanoi "Yes!", minkä jälkeen lähti taas kävelemään ja sanoi: "Come here!". Mentiin perässä, jätettiin vaelluskengät tavalliseen tapaan käytävään ja noustiin toiseen kerrokseen. Huone oli vain meidän käytössä, vaikka siinä oli neljä sänkyä. Eikä siinä vielä kaikki, tässä oli oma kylppäri. Olin tämän tainnut näin varata, vaikka en sitä enää muistanut. Kiva yllätys. Maja oli todella hyvässä kunnossa ja huone siisti.

Pestiin pyykit ja käytiin suihkussa. Huomasin, että olin hukannut matkan aikana juomapullon, lippiksen ja makuupussin. Juomapullo oli jäänyt aamupalapöytään. Makuupussina käytän näillä reissuilla ohutta silkkipussia ja nyt harmitti, kun se oli hukassa. Myös hanskat olivat hävinneet. Siinä ei tullut isoa vahinkoa, kun käytän muutamalla

119

eurolla marketista saatavia nahkaisia työhanskoja. Ovat kätevät, kun eivät luista vaijereissa eivätkä vaijerin terävät päät pistä hanskan läpi.

Mentiin terassille, kun sade oli hellittänyt. Pihalle saapui kymmenen nuoren naisen ryhmä viimeisen päälle hienoissa, värikkäissä pyöräilykamppeissa. Poika katseli kateellisena toinen toistaan hienompia, runkojousitettuja pyöriä. Sellainen pitäisi kuulemma saada, pyöräkuume oli kova. He tekivät vielä ylimääräisen kierroksen aivan meidän pöydän edessä. Tätä hetken katseltuaan poika totesi, että tule vielä sinäkin siihen ärsyttämään. Huumorilla tietysti. Itse en laittanut lainkaan pahaksi näitä neitojen pyörähdyksiä.

Kuuntelin musiikkia mp3:lla. Chris Robinsonin ja Kotipellon soolotuotantoa, molemmat tekevät loistavaa musiikkia. Otin päikkärit ja palasin alakertaan kirjoittamaan näitä muistoja ylös. Luulin, että olin varannut tällekin majalle puolihoidon, mutta kävi ilmi, etten ollutkaan, vaan Bed & Breakfastin. Se maksoi meiltä 120 euroa. Puolihoito olisi ollut 150 euroa. Tilattiin illalliseksi salaatit ja pastaa. Kaiken kaikkiaan maksettiin juomista, ruuista ja yöpymisestä 170 euroa. Hintaa kompensoi oma huone ja sijainti Marmoladaa vastapäätä.

Illallisella tavattiin sama berliiniläispariskunta, jonka kanssa oltiin edellisiltana käyty pitkät keskustelut. Heidän oli ollut tarkoitus yöpyä Rifugio Boella, mutta olivat kuitenkin jatkaneet tänne. Kuten olin arvellutkin. Kokemuksesta tiesin, että heidän suunnittelemansa etappi olisi liian lyhyt, vain pari tuntia. Itse asiassa tässä kohtaa reittiä voi kävellä paljon pidemmällekin samana päivänä, jos aikataulu edellyttää. Tästä voisi jatkaa vielä alas padolle, josta pääsee bussilla Allegheen saakka. Siitäkin voisi periaatteessa vielä jatkaa samana päivänä hissillä ylös kävellä pari tuntia seuraavalle majalle, jos on aikaisin liikkeellä ja bussiyhteydet natsaavat.

120

Illallisella juteltiin myös kouluista, kun samassa pöydässä istuneen toisen saksalaispariskunnan rouva oli opettaja. Hän oli vasta valmistunut ja aloittamassa ensimmäisessä työpaikassaan. Hän oli hämmentävän kiinni työssään ja kertoi lukevansa tälläkin vaellusreissulla iltaisin jotain opettajan opasta. Puhuttiin myös tietokone- ja konsolipeleistä, tälläkin kertaa poika johdatteli puhetta. Yllättäen berliiniläispariskunnan mies oli todella kiinnostunut tästä aiheesta. Yllättynein taisi olla hänen naisystävänsä, joka totesi, että tässähän oppii aivan uusia puolia miehestään! Omalla kohdalla kiinnostus noihin peleihin rajoittui Tetrikseen eli siitä on aikaa. Hauska ilta.

Käveltiin tänään varttia vaille kahdeksasta noin kahteen, josta voi vähentää tunnin pizzalla käynnin. Ihan hyvä, että on vähän lyhyempiäkin päiviä, kun oli oltu liikkeellä jo 13 päivänä peräkkäin.

Reitillä reilut viisi tuntia.

Kävellyt korkeusmetrit ylös 400 m. ja alas 100 m.

19 Rifugio Viel dal Pan – Alleghe

Aamulla oli kaatosade ja ukkosta. Syötiin aamupala pitkän kaavan mukaan saksalaisten kanssa. Opettaja kertoi käyneensä vaeltamassa Brittein saarten halki pohjoisessa kulkevan reitin ja mielenkiintoiselta kuulostavan West Highland -reitin Skotlannissa. Hauskaa tarinaa matkalla sattuneista kommelluksista. Ensimmäiselle vaellusretkelle oli ottanut mukaan muun muassa kilon sokeria, koska arveli, että puuro ei maistu muuten. Ensimmäisenä iltana hienosokeripaketti oli hajonnut märkään reppuun!

Odotettiin sään paranemista ja vältyttiin kastumiselta. Tuttu jyrkkä polku alas padolle, jonka päällä kulkee autotie ja paljon turisteja. Padon toisella puolella on 1. maailmansodan tapahtumia tällä alueella esittelevä museo. Kun oli tarkoitus jättää kävelyt tänään vähemmälle, päätettiin käydä tutustumassa siihen (12 e). Kaikki tekstit olivat italiaksi, joten ei siitä paljon saanut irti. Museossa oli paljon kaikenlaista sotaan liittyvää tavaraa. Tuli mieleen alkukesästä Saarenmaalla Eestissä näkemämme sotamuseo, jossa oli myös paljon ruostuneita aseita ja ammuksia. Karttoja museossa oli harmittavan vähän. Pidän karttojen tutkimisesta.

Museon yhteydessä olevasta turistikaupasta ostin lippiksen kadonneen tilalle (7 e). Etsiessäni rahoja huomasin, että edellisen majapaikan huoneen avain oli jäänyt taskuun. Harmitti niin vietävästi. Palattiin takaisin padon toiselle puolelle, josta lähtee bussi alas laaksoon Alleghea kohti. Odottelin ulkona puolisen tuntia ja toivoin, että joku olisi lähdössä reitille, josta olimme tulleet. Olisin antanut avaimen mukaan. Vaan eipä näkynyt ketään. Sää oli tänään niin surkea, ettei vaeltajia näkynyt. Poika meni sisään ravintolaan odottelemaan. Lopulta menin sinne itsekin.

Ravintolan lisäksi rakennuksessa oli majatalo. Sama paikka, jossa yöpymistä harkittiin edellisellä reissulla, mutta jatkettiin silloinkin bussilla eteenpäin. Tuli mieleen, että jätän avaimen tänne, kun joku täältä kuitenkin kävelee ylös toiseen suuntaan. Kerroin respaa pitävälle miehelle ongelmani. Hän ymmärsi yskän ja soitti heti edellisen majan isännälle. Olivat kai tuttuja. Asia kunnossa, hän hoitaa. Tämähän meni loppujen lopuksi hyvin. Ei ole aivan ensimmäinen kerta, kun näin käy. Esimerkiksi Ranskassa kävi kerran samoin. Silloin ratkaisin asian antamalla avaimen bussikuskille, joka ajoi tulosuuntaani. Hän kertoi pysähtyvänsä kyseisen majapaikan edessä ja voisi palauttaa avaimen. Onnistui.

Odottamamme bussi tuli aikataulussa. Ei haluttu kävellä etapin loppuosaa autotien vieressä, varsinkaan nyt, kun alkoi taas sataa. Matkan varrella olisi tosin ollut Sottogudan rotko, joka olisi ollut mukava nähdä, mutta ei kaatosateessa. Bussi ohitti tutun Malga Ciapelan ja vei meidät seuraavaan Caprile-nimiseen kylään (7 e). Kierreltiin tätä pientä kylää ja päätettiin syödä lounas, kun Allegheen vievä bussi tulisi vasta parin tunnin päästä. Paikallisessa pizzeriassa saatiin aivan erinomaiset pizzat. Seurasin ihaillen, kuinka nuori nainen hoiti ruuhkaiseen lounasaikaan kaikki salin puolen hommat yksin. Hän teki ainakin kolmen työt. Siinä ei ollut yhtään turhaa liikettä, kun hän otti tilaukset, siivosi pöydät ja tarjoili. Hän oli todellakin palkkansa ansainnut ja hyvät bonukset päälle. Pizzat juomineen tipin kanssa maksoivat 30 euroa.

Kahden euron bussilipuilla päästiin loput tasamaasta Allegheen. Vaikutti oikein mukavalta kylältä. Oli vähän kauppojakin, ei vain ravintoloita ja hotelleja. Paikkaa hallitsee vuoristojärvi. Meillä oli varaus järven rannalla olevaan Sporthotel Europaan, mutta vasta huomiselle. Olin jättänyt varauksissa tähän kohtaan yhden päivän tyhjää, kun aina voi tulla yllätyksiä. Ihmeen hyvin ja suunnitellusti olimme kaksi viikkoa edenneet eikä tarvetta ylimääräisille päiville

123

ollut ilmennyt. Hyvä, kun nyt oli varauksissa ylimääräinen päivä. Saisi pojan jalka vähän lepoa. Hyvä myös siksi, että satoi kaatamalla. Juuri tällaisina päivinä kannattaa pitää taukoa.

Käytiin kysymässä Sporttihotellilta, saisiko varauksen siirrettyä tälle päivälle. Olisi se onnistunut, mutta huone olisi ollut aivan kämänen verrattuna huomenna tarjolla olevaan. Kun tarkoitus oli joka tapauksessa levätä, päätettiin, että ollaan Alleghessa pari yötä ja tullaan tähän hotelliin vasta huomenna. Käytiin katsomassa yhtä bussipysäkin lähellä olevaa hotellia, jonka aulassa ensimmäisenä huomio kiinnittyi tunkkaiseen tupakantuoksuun. Mainosta mukaillen: You never get the second chance to make the first impression. Hinta olisi ollut 35 euroa henkilöltä aamupalalla. Haju ajoi meidät etsimään muita vaihtoehtoja.

Lähistöllä oli hotelli Coldai, josta jäi parempi vaikutelma. Katselin seinillä olevia jääkiekkopeleissä otettuja kuvia. Talon isäntä alkoi jutella kuvista. Kävi ilmi, että hän oli itse niissä ja kuvat oli otettu Torinon olympialaisissa! Siinä hän taisteli kiekosta suomalaisen kiekkolegenda Mikko Koivun kanssa. Oli iloinen kuulleessaan, että olemme Suomesta. Kertoi, että heillä on ollut paljon yhteistyötä suomalaisten kanssa. Mielenkiintoista oli kuulla, että Suomen maajoukkuevalmentaja Jukka Jalonen oli aloittanut valmennusuransa täällä ja valmentanut tätä nykyistä hotellinpitäjääkin tuolloin. Joka vuosi täällä käy Suomesta valmentajia vetämässä leirejä junnuille. Seuraava oli tulossa viikon päästä. Joku paikallinen juniori oli puolestaan lähdössä Suomeen pelaamaan.

Hotellin seinällä oli myös vanhempia mustavalkokuvia, joissa lätkää pelattiin viereisen järven jäällä. Niissä kuvissa oli tämän miehen isä, jonka näin myöhemmin hotellilla töissä. Illalla istuskelin jonkin aikaa respassa ja katsoin hänen kanssa tv:stä Tour de Francea. Jäätiin siis tähän lätkähotelliin, jossa hintaa yöpymiselle aamupaloineen tuli yhteensä 80 euroa. Saatiin huone mainiolla parvekenäkymällä. Poika meni heti nettiin, kun tarjolla oli wifi. Itse lähdin katsomaan hotellin alapuolella näkyvää jääkiekkohallia. Tässä pienessä kylässä on Italian liigassa pelaava joukkue. Hallilla oli hiljaista. Myöhemmin illalla siellä oli yleisöluistelu. Oli tarkoitus vain vähän katsella kylää, mutta oli kai jäänyt kävelymoodi niin vahvasti päälle, että päädyin kiertämään koko järven. Siihen meni tihkusateessa reilu tunti. Tasamaan kävely lenkkareissa ilman reppua tuntui höyhenenkevyeltä, mikä on paljon sanottu noin 100-kiloiselta. Toiselta puolelta järveä oli postikorttinäkymä kylään ja usvan takana näkyville vuorten huipuille. Idyllinen paikka.

Palattuani kylälle menin käymään panimoravintolassa. Tilasin lasin valkkaria, joka maksoi kokonaisen euron! Selasin uutiset netistä pitkän kaavan mukaan, kun ulkona satoi taas maahan asti. Palatessani hotellihuoneelle poika oli kännykkä kädessä täsmälleen samassa asennossa kuin sieltä muutama tunti sitten poistuessani. Tuo laite näyttää kasvaneen nuorisolla käteen kiinni.

Sateen tauottua käytiin ruokakaupassa ostamassa pientä purtavaa ja juotavaa parilla kympillä. Ehdin myös ostaa juuri sulkemassa olleesta urheilukaupasta uuden makuusäkin. Ei ollut silkkisiä, joten ostin puuvillaversion (17 e). Mentiin syömään tuttuun Birreriaan. Hodari, ciabatta ja juomat maksoivat yhteensä vain 10 euroa. Halpa paikka. Illalla katsoin tv:stä Ranskan ympäriajoa. Britit olivat tänäkin vuonna vahvoilla.

Reitillä kävelyä parisen tuntia.

Kävellyt korkeusmetrit ylös 0 m. ja alas 200 m.

20 Alleghe – Marmolada – Alleghe

Heräsin ennen seitsemää. Aamupala oli hotellitasoa, kaikkea ja riittävästi. Oli mukava juoda aamukahvi rauhassa. Tänään ei oltu lähdössä reitille. Mutta oli meillä toki suunnitelmia. Pakattiin kamat, maksoin hotellin ja käveltiin Sporttihotellille. Otettiin pieneen säkkiin vähän lämpimämpää vaatetta mukaan, jätettiin muut kamat sinne ja mentiin pysäkille. Suuntana oli Dolomiittien korkein vuori, Marmolada. Sen huipulle pääsee kolmella hissillä Malga Ciapelasta. Sinne taas pääsi bussilla, joka lähti Alleghesta puoli yksitoista. Samassa Malga Ciapelassa yövyttiin Tyrolia-hotellissa AV2:lla, joka siihen saakka kulkee pitkään samaa reittiä kuin tämä Dream Way. Hissiliput maksoivat yhteensä 60 euroa ja bussiliput kympin.

Ylhäällä 3265 metrissä oli sumuista, vaikka alhaalla ilma näytti hyvältä. Tällä jäätiköllä ei ole ympärivuotista laskettelukeskusta toisin kuin Itävallan Hintertuxissa, vaikka korkeus on sama. Välillä sumu hälveni ja saattoi nähdä alhaalla vihreän laakson. Oli kuin joku avaisi välillä verhot. Jäätiköstä huolimatta ylhäällä ei ollut kylmä. Käytiin katsomassa pientä huippua aseman lähellä. Kirkas auringonvalo ja lumi häikäisivät silmiä. Tultiin takaisin toiseksi ylimmälle hissiasemalle, josta näkyi paremmin alas laaksoon. Yhden vuorenrinteen sisällä oli 1. maailmansodan bunkkeri ja tunneleita. Paikalla näkyi tuon sodan päättymisen juhlallisuuksiin liittyviä ilmoituksia. Siitä taitaa olla kulunut nyt sata vuotta. Minulla oli matkalukemisena kirja nimeltä The Ottoman Endgame, jossa käydään läpi Ottomaanivaltakunnan hajoamista 1. maailmansodan yhteydessä. Tuossa prosessissa oli paljon liityntöjä Euroopassa käytyyn sotaan sekä Saksaan, Itävaltaan ja Italiaan.

Palattuamme alas menimme Malga Ciapelan "shopping centeriin", jossa oli auki vain pieni rihkamakauppa ja kahvila. Tilattiin kahvilasta leivät, kun muuta ruokaa ei ollut tarjolla. Bussin piti lähteä takaisin parin tunnin kuluttua. Olin kysynyt aikataulusta kuskilta tänne ajaessamme. Kahvilan pitäjä kertoi, että seuraava bussi lähtisikin vasta viiden tunnin päästä. Parin tunnin päästä lähtevä bussi ei mene Allegheen, vaan Alleghesta 7 kilometrin päässä olevaan Caprileen. Mies sanoi, että "taxiguy" tuolla ulkona voi kyllä kuljettaa aikaisemmin. Kyyti maksaisi 35 euroa. Mietittiin myös mahdollisuutta nähdä Sottogudan rotko. Kävely ei ollut vaihtoehto, nyt oli tarkoitus lepuuttaa pojan kipeytynyttä polvea. Rotkoon voi tutustua myös täältä lähtevää pientä junaa muistuttavalla autolla. Se lähtisi kuulemma "ehkä" tunnin päästä. Jos kävisimme sen kyydissä katsomassa rotkoa, missaisimme myös viimeisen bussin. Eli vaihtoehtoina oli ottaa taksi tai odottaa viisi tuntia täällä, jossa ei ole mitään nähtävää. Taksi tietysti.

Mentiin Alleghessa Sporttihotelliin, jonka huone oli juuri niin hyvä kuin eilen oli luvattu. Parvekkeelta oli mainiot näkymät suoraan järvelle. Otin päikkärit. Väsytti jostain syystä. Poika kävi järvellä ajelemassa polkuveneellä ja pyöri itsekseen kylällä. Hyvä niin, parempi kuin puhelin kädessä. Kirjoitin parin päivän tarinat ylös hotellin terassilla. Sen edestä kulkee kävelytie, jota pitkin turistit kävelevät järven rantaa edestakaisin. Rauhallinen tunnelma. Koska hotellissa oli sauna ja koska olemme Suomesta, menimme tietysti saunaan. Siellä oli myös poreallas, johon piti hankkia erillinen 5 euron poletti. Se oli turha juttu, mutta tulipahan testattua. Sauna oli ihan ok.

Illalla käytiin taas Birreriassa syömässä. Ihan ok ruoka. Piti testata paikan oma olut. Kun päivällä otin kahvilassa bussia odotellessa Dolomiti-merkkisen oluen, oli nyt osallistuttu varsin kattavasti tämän alueen lähiruoka ja -juomakulttuurin vaalimiseen. Illalla seurasin sivusilmällä italialaiselta kanavalta loputtoman pitkää ohjelmaa, jossa analysoitiin tulevaa futiskautta eri maiden sarjoissa ja näytettiin maalikoosteita. Kesti varmaan kolmatta tuntia, italialaiset eivät tosiaan ole mitään tuppisuita.

21 Alleghe – Rifugio Tissi

Tänäkin kesänä olin reissussa vaimon syntymäpäivänä. Soitin kotiin ja lauloin paljon onnea vaan. Tänä vuonna olin päättänyt tehdä asiat toisin. Oli sovittu, että vaimo tulee nuoremman pojan kanssa loppureissusta tänne. Aikaisemminkin on tällaista mietitty, mutta aina liian myöhään, jolloin lippujen hinnoissa ei ole ollut enää mitään järkeä. Nyt oltiin ostettu lentoliput ja he saapuisivat neljän päivän päästä Venetsiaan. Tuolloin voidaan sitten juhlia yhdessä synttäreitä.

Poika oli huonovointinen koko yön eikä halunnut nousta, kun lähdin aamupalalle. Päätä särki ja maha oli kipeä. Annoin nukkua puoli yhdeksään saakka. Normaalisti poika herää ilman kelloa viimeistään seitsemältä. Ehdotin, että yrittäisi syödä jotakin. Hän kävi syömässä jogurttia ja meni takaisin nukkumaan. Herätin puoli yhdeltätoista. Olo oli jo parempi. Annoin särkylääkkeen. Luovutettiin huone yhdeltätoista. Kyllä tämä tästä, poika sanoi. Sovittiin, että jos yhtään tuntuu siltä, että ei jaksa, sanoo.

Käveltiin hissille, jolla Alleghesta pääsee kätevästi vuorille. Kuten on ollut tapana, en kävele hiihtokeskusten alueella rinteenpohjia tai metsien keskellä, jos voi käyttää hissiä. Noustiin 1000 metristä 1900 metriin. Ilma oli tänään tosi hyvä. Ylhäällä huomattiin, että pojan lippis oli hukassa. Lippisten kanssa meillä oli tosiaan huonoa tuuria. Padolta ostamani lakin hukkasin jo samana päivänä. Nyt siis oli pojankin lippis hukassa. Minulla oli vielä yksi vaelluskäyttöön tarkoitettu Marmotin lippis, mutta sen tarvitsin oikeastaan itse, kun kalju ei oikein kestä aurinkoa, ei varsinkaan vuorilla. Eli hellepäivä, kaksi päätä ja vain yksi lippis. Ratkaisu: pipo! Eikö nuorilla ole nykyään pipot koululuokissakin, tämähän on ihan normimeininkiä. Pojalla oli parin viikon sänki, musta paita ja mustat shortsit - katu-uskottavuushan suorastaan edellytti tuossa tilanteessa mustaa pipoa. Rock 'n' roll!

Tätä Dolomiittien aluetta kutsutaan nimellä Civetta. Reitti kulki hyväkuntoista soratietä ja myöhemmin kapeampaa polkua. Maisemat olivat hienot. Yksi vuori, Monte Crot, oli keskellä metsää, ikään kuin unohtunut erilleen kaikista muista. Erikoinen näky. Reilun tunnin nousu Rifugio Coldain majalle (2132 m.) otti yllättävän koville, pojalla ei tuntunut missään. Hyvä niin, hänen olonsa näytti paranevan. Hän kertoi, että tikku jalkapohjassa ei ollut tuntunut enää pariin päivään. Polvea jomotti kuitenkin edelleen. Sinnikäs kaveri.

Rifugio Coldai oli vilkas paikka. Valtavasti päiväretkeläisiä ja iso koululaisryhmä. Mahtavaa nähdä, kun nuoret ovat noin innoissaan luontoretkestä. Ostettiin limpparit ja suklaata. Jatkettiin eteenpäin. Matkan varrella oli iso vuoristolampi. Muutama rohkea kävi siinä uimassa. Lapsien ryhmä oli juuri tulossa sinne. Se innokkuuden määrä, kun huomasivat, että lähellä oli myös lumikasa, josta sai tehtyä lumipalloja!

Tuuli oli kylmä. Reitti kulkee useamman pienen harjanteen yli ja laskeutuu välillä alemmas noustakseen taas ylös. Loppumatka mennään jyrkän Civettan vuoren seinämän alapuolella irtosorassa ja kallioiden keskellä. Välillä oli pidempiä pätkiä lunta. Laaksossa näkyi Alleghen kylä. Marmoladan vuori näyttää täältä suunnasta aivan erilaiselta. Jossain vaiheessa näkyviin tuli suorakulmaisen kolmion muotoinen harjanne. Sen yläkulmassa näkyi määränpäämme, suomalaisittain mieleenpainuvasti nimetty Rifugio Tissi. Nousu majalle nosti hien pintaan. Majan edustalla oli lehmiä, majalla vastaan tuli koira ja myöhemmin nähtiin myös kissa. Oltiin perillä kolmen maissa, joten reitillä kului yhteensä kolmisen tuntia. Oli hyvä, kun sattui tällainen kevyt päivä pojan ollessa puolikuntoinen.

Reitillä tavattiin ensimmäistä kertaa tällä reissulla suomalainen. Nuoripari alkoi puhua meille, kun olivat kuulleet meidän puhuvan aiemmin suomea. Nainen oli suomalainen, mies paikallinen. Olivat täällä nyt "anoppilassa" ja asuvat Vantaalla. Kävelivät samalle majalle kuin me, mutta vain syömään, ja palaavat samana päivänä alas laaksoon. Nähtiin heidät myöhemmin majalla, jossa kyselivät mielenkiinnolla meidän reissusta. Mukava pariskunta.

Majalle päästyäni menin heti suihkuun (vitosen poletilla sai viisi minuuttia lämmintä vettä). Tällä majalla sai valita, mitä puolihoidon illalliseen kuuluu. Otettiin molemmat alkuruuaksi vihanneskeittoa ja pääruuaksi lihaa (spek). Pojalla oli ruokahalu palannut. Saatiin punkat neljän hengen huoneesta. Otettiin alasängyt, kun oltiin ensimmäisinä paikalla. Myöhemmin sinne tuli brittiparikunta. Oikein mukavia, minua hieman vanhempia. Nainen oli vuoristovaellusten vetäjä ja hänellä oli tätä varten oma firma. Mielenkiintoista oli kuulla hänen tarinoitaan eri paikoista. Olivat AV1:llä, kuten moni muukin majalla yöpyjä. Sen loppu on sama kuin tämän Dream Wayn loppuosa. Mies oli ensimmäisellä vaelluksellaan ja innoissaan uusista kokemuksista.

Kävin pariinkin kertaan valokuvaamassa auringonlaskua majan takana olevalta jyrkänteeltä. Todella vaikuttavat näkymät. Alhaalla monen sadan metrin pystysuoran pudotuksen alla näkyi Alleghe, horisontissa muun muassa Marmolada.

Yöpyminen ruokineen ja seuraavan päivän eväineen maksoi tällä Rifugio Tissillä yhteensä 114 euroa. Majalla olisi ollut vastaus meidän lippisongelmaan. Siellä oli myynnissä värikkäitä lippiksiä, joissa luki pienin kirjaimin Rifugio ja suurin kirjaimin TISSI. Jäi ostamatta. Vaikka olisihan tuo ollut mielenkiintoista nähdä vaimon ilme, kun olisi mennyt se päässä vastaan lentokentälle.

Reitillä kolmisen tuntia.

Kävellyt korkeusmetrit: ylös 400 ja alas 350 m.

Alleghe to Belluno

N

Alleghe

RIFUGIO TISSI

Monte Civetta

RIFUGIO BRUTO CARESTIATO

PASSO DURAN

AGORDO

RIFUGIO PIAN DE FONTANA

RIFUGIO 7th Alpini

Belluno

VENICE

22 Rifugio Tissi – Rifugio Carestatio

Noustiin aikaisin, kun aamulla on viileämpää kävellä. Oli tulossa kuuma päivä. Aamupalalle pääsi puoli seitsemän. Ihan perussettiä. Otettiin eilen tilatut eväspussit mukaan. Japanilaisten vanhojen herrojen ryhmä lähti reitille ennen meitä. Käveltiin alas polkua metsän keskelle. Alempana niityllä oli isosarvisia ja pitkäkarvaisia lehmiä. Jännitti kävellä niiden lauman läpi, kun siellä oli vasikoitakin. Reitillä näkyi vaikuttavia pystysuoria seinämiä, mutta enimmäkseen kuljettiin metsän keskellä.

Reilun tunnin päästä saatiin japanilaiset kiinni. Kovakuntoisin heistä oli selvästi joukon liideri. Jututin häntä marssiessamme soratietä pitkin laaksoon päin. Oli jo eläkkeellä, kuten muutkin heidän kolmen miehen ryhmästään, josta vanhin oli jo 71-vuotias! Sanoi, että tässä vaiheessa elämää pitää jo vähän laskeskella, mitä reittejä vielä ehditään tällä ryhmällä kiertää. Poika jutteli kahden muun kanssa. Mieluisaa juttuseuraa, kun hän sattuu olemaan kova Japani-fani.

Pojalla oli tänäänkin hutera olo. Ihmettelin, mistä se voisi johtua. Ehkä hän oli saanut jostain mahapöpön. Toisaalta, onhan tässä jo yli kaksi viikkoa oltu reitillä. Ehkä rasitusta yksinkertaisesti oli vain liikaa. Otin häneltä loputkin painavammat tavarat omaan reppuuni. Kun olimme laskeutuneet yli 1000 metriä reitin matalimpaan kohtaan noin 1500 metriin, josta pääsee autotielle, kysyin useammankin kerran, jatketaanko. Oltaisiin voitu jatkaa soratietä alas laaksoon. Kyllä tämä tästä, hän sanoi.

Niinpä noustiin Forcella del Campiin (1931 m). Hieno paikka kahden laakson ja kallion välissä. Jyrkkää, harmaata seinämää joka puolella. Syötiin siinä eväät. Myös japanilaiset pysähtyivät evästauolle. Nämä sympaattiset vanhat herrat jatkoivat kuulemma tästä San Sebastianin majalle, josta edelleen Cortinaan, huomenna Venetsiaan ja

132

ylihuomenna Tokioon. Aikamoinen tahti. Meillä oli varattu majoitus Rifugio Carestatiosta (1834 m), jonne tultiin reittioppaan mukaisessa ohjeellisessa kuuden tunnin ajassa. Kun on reilut pari viikkoa kävellyt, loppuosa etapit näyttävät menevän jo rutiinilla ennakoiduissa aikatauluissa, vaikka olisi huonompikin olo, kuten pojalla oli. Polvi vaivasi myös edelleen.

Poika sanoi, että huomista kahdeksan tunnin päivää ja yli 1000 metrin nousua ylös ja laskeutumista alas hän ei enää jaksa. Asia selvä. Tämä vaellus päättyy tähän. Pitkälle tässä päästiin ongelmista huolimatta. Alkuperäinen suunnitelma oli kulkea vielä huominen etappi ja yöpyä Rifugio Pian de Fontanalla, minkä jälkeen laskeutua autotielle seuraavana päivänä ja jatkaa siitä bussilla Bellunoon. Tämän jälkeistä viimeistä Via ferrata -etappia ennen Bellunoa ei oltu ajateltu kulkea.

Majalla saatiin oma huone päärakennuksen takana olevasta pienemmästä rakennuksesta. Siinä oli neljä huonetta, suihku ja wc. Oikein hyvät järjestelyt. Tänne olin tehnyt varauksen edellytyksenä oleva 30 euron ennakkomaksun. Se mukaan lukien puolihoito juomineen maksoi 130 euroa. Suihku maksoi euron kahdelta minuutilta ja kahdella eurolla sai pyykit pestyiksi. Tuo pyykkipalvelu on hyvä juttu. Hyvä maja muutenkin.

Illallisella istuttiin eilen tapaamiemme brittien kanssa. Nainen kertoi toimivansa kesäisin vuorilla vaellusoppaana melkein viikoittain, enimmäkseen Italiassa. Aiemmin hän oli ollut oppaana myös Himalajalla. Täällä sesonkia kestäisi vielä reilun kuukauden. Hän oli asunut Italiassa kuusi vuotta ja osasi kielen. Tämän huomasi, kun pöytään oli plaseerattu myös kaksi nuorta italialaisnaista, joiden englannin taito oli lähes olematon. Brittinainen toimi tulkkina. Naiset olivat AV1:lla, kuten lähes kaikki muutkin majalla yöpyneet. Majalla tuona illalla olleista vain me pojan kanssa olimme jatkaneet Dream Way -reittiä tänne saakka. Kun tuli majoilla puhetta, millä reitillä ollaan, sai kunnioittavan kohtelun, kun kävi ilmi, että oltiin paljon pidemmällä reissulla. Juuri kukaan tapaamistamme henkilöistä ei ollut vaeltanut yli kahta viikkoa putkeen. Nämä naiset olivat ensimmäisellä vaelluksellaan, mikä tuntui uskomattomalta, kun olivat tästä aivan läheltä Feltrestä. Se oli edelliseltä reissulta meillekin tuttu paikka. Toisaalta, eivät kaikki suomalaisetkaan kulje metsissä, vaikka maa on pelkkää metsää. Tässäkin seurueessa oli se vahva käsitys, että Suomessa on vuoria.

Tuli puhetta meidän pari vuotta sitten tekemästä vaelluksesta Pyreneillä. Kerroin, että käytiin tuolloin myös Toulousessa Airbusin tehtailla. Tästä kehkeytyi toista tuntia kestänyt keskustelu brittimiehen ja pojan kanssa. Poika on nimittäin myös ilmailufani. Keskustelivat innokkaasti lentosimulaattoriohjelmista sekä mielenkiintoisesta applikaatiosta nimeltä Flight radar, jonka avulla voi seurata kussakin paikassa olevaa lentoliikennettä reaaliaikaisesti. Lopulta kävi ilmi, että miehellä on oma lentokone. Poika sai kutsun lennolle, kun tulee seuraavan kerran Britteihin. Helmikuussa siellä juuri oltiin, saa nähdä milloin tulee seuraava mahdollisuus. Itse en saanut kutsua, kun mies arvioi minun olevan liian painava. Ja minä kun luulin, että suomalaiset ovat suorapuheisia ja britit esittävät asiat diplomaattisesti! No, ei siinä mitään. Selvä juttuhan tuo on. Kone oli kaksipaikkainen pienkone, jossa toinen kyydissä oleva ei saa painaa yli 80 kiloa.

Oli taas mukava huomata, että poika pärjää keskusteluissa tuntemattomien aikuisten seurassa englannin kielelläkin ja pystyy iästään huolimatta tuomaan oman panoksensa keskusteluun ja jopa viemään sitä. Saatoin vain ylpeänä seurata sivusta.

Reitillä kuusi tuntia.

Kävellyt korkeusmetrit: ylös 740 ja alas 1160 m.

23 Rifugio Carestatio – Belluno

Nukuttiin pitkään, kun ei oltu lähdössä reitille. Käytännössä tämä tarkoitti sitä, että herättiin 7:01. Unirytmi oli nyt tällainen. Britit lähtivät meidän kanssa samoihin aikoihin vasta kahdeksan jälkeen, mitä vähän ihmettelin, kun heillä oli todella pitkä päivä edessä.

Matkalla näin ensimmäistä kertaa tällä reitillä telttailijan. Se ei ole näillä reiteillä tavallista, täällä kun ei ole jokamiehen oikeuksia. Mies oli laittanut telttansa niitylle. Periaatteessa idyllinen ja rauhallinen paikka, muttei käytännössä. Teltan ympärille näytti kerääntyneen useampi lehmä kaulassa roikkuvine kovaäänisine kelloineen. Lehmien mukana näytti tulleen myös kärpäset.

Saavuttiin pian Passo Duraniin, jossa on ravintola ja San Sebastianin majapaikka, jonne japanilaiset olivat eilen jatkaneet. Mentiin brittien kanssa käymään ravintolassa, josta ostivat reitille syötävää. Itse kysyin mahdollisuudesta saada autokyyti alas laaksoon. Olimme asfalttitiellä eikä sillä kävely innostanut. Ravintolan rouva antoi puhelinnumeron, johon soittamalla sain kuulla, että taksin kyllä saisi, mutta pitäisi odottaa tunti. Hintaa sille tulisi 40 euroa. Päätin, ettei jäädä odottelemaan, varsinkaan tuon hintaista kyytiä. Lähdettiin kävelemään mutkaista ja kapeaa maantietä. Edessä olisi noin 12 kilometriä. Puolen tunnin kävelyn jälkeen päästiin liftaamalla erään Golfin kyytiin. Mukavanoloinen rallikuski paahtoi vuoristotietä ennätysajassa laaksoon, Agordon kaupunkiin. Ei osannut englantia, mutta esitteli silti innostuneesti italiaksi kaikki matkan varrella nähdyt vuoret. Eräänlainen Peak Finder -sovellus tämäkin. Hyvä tyyppi, vaikka välillä mietin, että olisiko tulevan mutkan tarkkailu siinä vauhdissa kuitenkin parempi idea kuin huippujen kurkkiminen.

Kaupungissa oli menossa markkinat. Vaikutti vapaapäivältä (oli keskiviikko), koska niin paljon ihmisiä oli liikkeellä. Nähtiin jotain meille aivan uutta, nimittäin se, miten kadulla myydään eläviä kanoja. Myyjä nosti myyntipöytänä toimineesta häkistä kaksi kanaa jaloista roikottaen ja näytti niitä potentiaaliselle ostajalle. Kaupat tuli. Myyjä laittoi kanat pahvilaatikkoon, johon teki sen verran reikiä, että kanat saivat niistä päänsä näkyviin. Hintaa niille näytti tulevan 48 euroa. Koskaan en ole tällaista nähnyt. Tämä kaikki tapahtui kaupungin keskustassa kadulla, jossa viereisissä myyntikojuissa kaupustelijat myivät vaatteita, puutarhatarvikkeita ja kalaa. Sanotaanko, että oli eläväinen tunnelma.

Löydettiin bussiasema, josta oli juuri lähdössä bussi Bellunoon. Hintaa noin 30 kilometrin matkalle tuli yhteensä kuusi euroa. Jos olisimme edenneet tänään alkuperäisen suunnitelman mukaisesti, olisimme tulleet huomenna johonkin kohtaa tätä tietä ja jatkaneet bussilla. Bellunossa etsittiin hotelli, jonne minulla oli huomiselle varaus. Kun nuorisoa on mukana, matkalla piti tietysti käydä kahdessa pelikaupassa. Jokainen kiinnittää katukuvassa huomiota eri asioihin.

Hotelli oli täynnä eikä varauksen siirto huomiselta tälle päivälle onnistunut. Ystävällinen rouva keksi kuitenkin keinon: Laitetaan hotellin seminaarihuoneen lattialle keskelle punaisia tuolirivistöjä kaksi lisävuoteina käytettävää kokoontaitettavaa sänkyä. Meille tämä erikoinen järjestely kävi erinomaisesti. Tästä vähintään 150 neliön huoneesta, johon kuului myös suihku, maksettiin ilman kuittia 40 euroa. Meillä oli tämä lukittava sali omassa käytössä. Ei aikaakaan, kun poika oli avannut salissa olleen tietokoneen ja virittänyt meille videotykin ja laajakankaan netin katsomista varten. Taidettiin unohtaa mainita tästä hotellin henkilökunnalle. Tänään nimittäin oli HJK:n Eurokarsintapeli, jonka saattoi katsoa striiminä eräältä veikkaussivustolta. Juurikin näistä tietotekniikkaan liittyvistä syistä kannattaa kuljettaa nuorisoa mukana tällaisilla reissuilla. Sain hotellin respan kanssa sovittua, ettei huomista varausta tarvitse maksaa, vaikka se olikin tehty varaussivuston kautta siten, että peruutus ei olisi enää lähtökohtaisesti mahdollista. Säästettiin siinä 80 euroa. Jos oltaisiin jääty tänne suunnitellusti, olisi ylihuomenna ollut herätys neljältä, jotta ehdittäisiin ajoissa Venetsian lentokentälle vaimoa ja nuorempaa poikaa vastaan. Heidän koneensa saapuu sinne jo 9:30.

Soitin vaimolle ja pyysin etsimään jonkin sopivan hotellin Venetsiasta huomiselle minulle ja pojalle. Sellainen löytyikin. Nyt oli yöpaikat valmiina seuraavan viikon ajaksi, sillä ylihuomista lähtien meillä oli hotelli buukattu koko perheelle. Ylihuomisesta tulee meille 21. majapaikka näiden 21 päivän aikana. Tällä lomalla maisema on vaihtunut ihan kiitettävästi!

Saatuamme majoitusjärjestelyt kuntoon lähdettiin kaupunkia ihmettelemään. Belluno on arkkitehtuuriltaan tyylikäs kaupunki. Käytiin selvittämässä junayhteys Venetsiaan ja ostin huomiselle junaliput (18 euroa). Ihmeteltiin paria kirkkoa ja käveltiin siellä täällä. Syötiin upealla keskusaukiolla ja ostettiin kaupasta kisastudiossa tarpeelliset eväät. Katsottiin peli, joka meni HJK:n kannalta ihan mukavasti. Seuraavalla viikolla olisi toinen osaottelu Helsingissä. Illalla käytiin vielä kaupungilla. Ravintoloiden terasseilla oli valtavasti ihmisiä. Yhdellä soitti jazz-bändi. Oli mukava päättää vaellusreissu lämpimään kesäiltaan viihtyisässä italialaisessa pikkukaupungissa.

Reitillä reilu tunti.

Kävellyt korkeusmetrit: ylös 0 m. ja alas 200 m.

24 Belluno – Venetsia

Seuraavana päivänä siirryttiin Bellunosta junalla Venetsiaan, josta meillä oli varattu yhdeksi yöksi hotelli rautatieaseman läheltä. Kuljailtiin loppupäivä kaupungilla ja todettiin, että maailma on pieni. Siinä väenpaljoudessa tavattiin samat opiskelijanuorukaiset, joiden kanssa oltiin istuttu monet illat yhdessä Itävallan majoilla illallisella. Seuraavana aamuna mentiin Venetsian lentokentälle vastaanottamaan perheen fiksumpaa puoliskoa, joka älysi lentää sinne suoraan Helsingistä kolmessa tunnissa. Me tultiin hieman hankalampaa reittiä.

Vietettiin Venetsiassa tälläkin kertaa todella mukava loma. Tuota erikoista kaupunkia ja sen nähtävyyksiä on kuvattu edellä. Useissa mainituissa museoissa ja näyttelyissä käytiin tälläkin kertaa. Lisäksi kävin merimuseossa, jossa oli yllättäen kokonainen kerros Ruotsin yhteyksistä Venetsiaan. Kerrottiin esimerkiksi siitä, että Ruotsin rannikkolaivasto 1700-luvulla sai mallinsa Venetsiasta. Noita laivojahan tehtiin Suomenlinnassa, Helsingin edustalla. Venetsian Biennaalissa on joka toinen vuosi esillä nykytaidetta ja joka toinen arkkitehtuuria. Tänä vuonna oli vuorossa arkkitehtuuri ja teemana Freespace. Saksan paviljongin "Unbuilding walls" -näyttely oli erityisen hyvä tähän teemaan liittyen. Ylpeänä saattoi todeta, että Suomen paviljongin kirjastoja esittelevä näyttely on yksi parhaista.

Venetsiassa on tähän aikaan vuodesta valtavasti turisteja, mutta hieman kiertelemällä löytää kyllä rauhallisempiakin paikkoja. Meillä oli majoitus Lidon saarelta, jossa oli mukavan rauhallista ja väljää ja josta pääsee vesibussilla vaivattomasti Venetsian keskustaan. Lidossa pääsee yhdistämään rantaloman Välimerellä ja kaupunkiloman kulttuurikohteineen Venetsiassa. Voi suositella. Loikoilu Välimeren rannalla oli täydellinen päätös tälle hienolle seikkailulle.

Lopuksi

Dream Way -reittiä voi suositella, jos pitkän matkan majalta majalle vaellukset vuoristossa kiinnostavat. Parhaat osuudet olivat niin sanottu seitsemän huipun etappi Glungezer Hütteltä Lizumer Hüttelle, Frisenbergscharten ylitys ja etappi siitä Pfitcher Joch Hausille sekä Dolomiitit välillä Passo Gardena - Marmolada. Reitti on myös siitä mukava, että matkalla voi välillä ihmetellä idyllisiä kaupunkeja ja lopussa pääsee Välimereen uimaan. Tuo matka kokonaisuudessaan on kuvattu kirjassani *Vaellus yli Alppien – Dream Way Münchenistä Venetsiaan*.

Kuljettiin 18 päivää suunnitellussa aikataulussa ja vain yksi suunniteltu etappi jäi kulkematta. Voi sanoa, että hyvin meni vaikeuksista huolimatta. Joka reissulla on jotain pienempää tai suurempaa ongelmaa ilmennyt, mutta aina niiden kanssa on pärjätty. Niin tälläkin kertaa.

Reitillä riittää peruskunto. Näissä pidemmissä vaelluksissa kyse on enemmänkin kestävyyslajista, vaikka totta kai hyvä kunto tekee – tai minun tapauksessa tekisi – matkanteosta mukavampaa. Kuten tarinastakin käy ilmi, mahdolliset ongelmat ovat enemmänkin nivelien kuin kunnon kestävyydessä. Itselläkin oli ensimmäisillä vaelluksilla polvikipuja, mutta ne ovat poistuneet, kun olen talvisin käynyt salilla tekemässä askelkyykkyjä ja harrastanut muutakin liikuntaa. Toivottavasti tämän tyyppisistä pienistä vinkeistä, joita tästä ja aikaisemmista kirjoista löytyy enemmänkin, on apua matkojen suunnittelussa. Kirjan lopussa on reissun varusteluettelo, josta voi myös olla apua.

Jokaiselta reissulta on jäänyt tuttavuus, jonka kanssa vaihdetaan kokemuksia edelleen. Tälläkin reissulla tutustuttiin mainioihin tyyppeihin. Samanhenkisten ihmisten tapaaminen ja mukavat illat majoilla ovat iso osa näitä reissuja.

Vaikka välillä otettiin avuksi sähkö- ja polttomoottorit, tuli tälläkin reissulla liikuttua ihan riittävästi. Kävellen noustua korkeuseroa kertyi reilut 10 000 metriä ja alamäkeen kuljettua vielä enemmän. Toki minulle näiden numeroiden sijaan itse vuoristossa oleminen on se juttu, miksi näitä reissuja teen. En lähde sinne suorittamaan matkaa A:sta B:hen, vaan saamaan uusia kokemuksia ja nauttimaan parhaista vaellusreiteistä ja maisemista. Niitä todellakin riitti. Kun tämän kaiken sai vielä toteuttaa mainiossa seurassa, voi todeta: Huippureissu!

Alta Via 1

Taustaa

Lähtö tälle vaellusreissulle piti olla jo edellisen viikon torstaina, vuoden 2024 juhannusaaton aattona ja suunnitelmissa oli aloittaa Slovenian Alpeilta. Olin suunnitellut asiaa huolella ja varannut majatkin jo alkuvuodesta. Ensimmäinen yöpyminen oli varattu juhannusaatoksi Bohijnin järven yläpuolelta vuoristosta ja toinen Krivan-nimisen huipun tuntumasta. Matkaan piti lähteä poikani kanssa, mutta hänelle tuli este. Otin keväällä yhteyttä noille majoille peruuttaakseni hänen varauksen. Sain yllättäen vastauksen, että majat ovat avoinna vasta heinäkuun alusta alkaen. Tämä oli iso yllätys ottaen huomioon, että olin tehnyt varaukset heidän kotisivuillansa olevassa järjestelmässä ja maksanutkin ne. Kävi siis niin, ettei minulla ollut majoitusta suunnitellussa aikataulussa Slovenian Alpeilla edes itselleni. Reissun alkuohjelma meni aivan uusiksi. Päätin siirtää lentojani juhannuksen jälkeisen viikon tiistaille ja jättää väliin Slovenian Alpit, joilla olin juuri edelliskesänä käynyt.

Tällä yllättävällä muutoksella oli hyväkin puoli. Päädyin lähtemään vaimon kanssa Eestiin, jossa hän tapasi tuttaviaan ja osallistui kuoronsa kanssa Tartossa pidettyihin suuriin laulujuhliin. Itsekin pääsin katsomoon ihmettelemään, miltä 10 000 laulajan esitys kuulostaa. Vaikuttavaltahan se kuulosti. Sitä ennen olimme olleet Rakveren keskiaikaisen linnan taakse rakennetulla tapahtuma-alueella järjestetyssä Jaanipidussa eli juhannusjuhlilla. Siellä oli paljon hyviä esiintyjiä. Onnistuneet juhlat, varsinkin kun saatoimme viettää samalla tuttavien luona grillijuhlaa tuon esiintymisalueen reunalla olevan talon pihalla. Meille kohokohta oli nähdä mainio eestiläinen Smilers-bändi, jonka keikalla olimme olleet edellisen kerran yli 20 vuotta sitten.

Kaikesta on nykyään 20 vuotta! Niin myös tämän vaellusharrastuksen aloittamisesta. Minulla oli nyt jo 20. vuoristovaelluskesä mittarissa. Vuonna 2004 hurahdin vuoristovaellukseen Tatralla ja siitä lähtien olen suunnannut koronavuotta lukuun ottamatta joka kesä Euroopan vuorille. Viiden Tatran reissun lisäksi olen kulkenut Pyreneillä Ranskan puolen Grand Randonnée 10 -reittiä poikani kanssa Atlantilta Välimerelle.

Myös Alpit on nyt kuljettu kauttaaltaan, sillä olen kulkenut ensinnäkin Ranskan Alpit GR5-reittiä pitkin Genevenjärveltä Nizzaan ja Sveitsin Alpit Via Alpina Red -reittiä pitkin itärajalta länsirajalle. Ranskan ja Sveitsin alueella olen kulkenut myös Haute Route -reitin Chamonix'sta Zermattiin sekä poikani kanssa Tour du Mont Blancin, joka kulkee noiden maiden lisäksi myös Italian puolella. Liechtensteinin, Saksan ja Itävallan Alpeilla olen kulkenut Via Alpina -reittiä pitkin. Itävallassa olen kiertänyt myös Stubain ja Zillerin laaksot kiertävät Berliner Höhenwegin ja Stubaital Rundwegin ja idempänä Karnischer Höhenwegin samoin kuin Münchenin ja Venetsian välillä kulkevan Dream Wayn. Kuten edellä on kerrottu, viimeksi mainittu kulkee myös Dolomiiteilla samoin kuin kuin Alta Via 2, joista molemmat olen kulkenut poikani kanssa. Slovenian Alpeilla olen myös vaeltanut pariin kertaan.

Näin ollen olen kulkenut Alpit Välimereltä Sloveniaan. Yksi pieni aukko tässä ketjussa kuitenkin vielä oli, nimittäin AV1:n alkuosuus, joka asettuu Karnischer Höhenwegin ja Dream Wayn väliin. Nyt suuntasin tuolle hyvin suositulle AV1-reitille Italian Dolomiiteille.

Tämä reissu oli jäädä kokonaan tekemättä, sillä polveni kipeytyi alkuvuodesta oikein kunnolla eikä ole parantunut entiselleen. Kävin magneettikuvassa, josta tuloksena oli A4:n verran tekstiä. Tuosta latinaa enimmäkseen sisältäneestä diagnoosista ymmärsin sanan kuluma. Kuten todettua, nykyään kaikesta on 20 vuotta ja se alkaa näkyä myös tällaisina lausuntoina. Lääkäri totesi magneettikuvaa katsoessaan, että ihan pelkällä toimistossa istumisella tuo kuluma ei ollut tullut. On tässä tosiaan tullut kuljettua hankalillakin reiteillä kuukausikaupalla, kuten edellä olen lyhyesti kerrannut. Siinä sivussa on tullut harjoitettua muutakin liikuntaa, mutta tänä keväänä polvi ei toiminutkaan enää entiseen tapaan. Siihen kertyi nestettä, jota oli poistettu jo neljä kertaa ennen reissuani.

Olisi ollut varsin perusteltua ja ymmärrettävää jättää koko reissu väliin, mutta luonne on vähän sellainen, ettei ihan ensimmäisenä ole periksi antamassa. Ei luovuttaminen kyllä kaukana ollut, kun viikko ennen reissua löysin itseni tilanteesta, jossa en pystynyt kävelemään muutamaa sataa metriä Hakaniemestä Sörkkaan, vaan piti polvikivun vuoksi ottaa metro. Ei tiennyt itkeäkö vai nauraa. Olihan se turhauttavaa ja vähän masentavaakin. Ulkopuolisen silmin Alpeille vaeltamaan lähdössä ei varmaan ollut mitään järkeä, mutta vaimo esimerkiksi ei sanonut viisaana ja minut tuntien mitään epäilevää. Tuskin järjen puhuminen olisi muuttanut mieltäni, minkä hän varmaankin edellisen 26 vuoden aikana oli jo oppinut. Aina hän on minua rohkaissut näihin reissuihin, vaikka ei itse vuoristossa viihdykään korkeanpaikan kammosta johtuen. Tälläkin kertaa hän vain sanoi, että itse tiedät parhaiten.

Ajattelin, että tämän reitin vielä kuljen tai ainakin käyn yrittämässä. Katsotaan paikan päällä, onnistuuko. Sain polveeni tuen, jota käytin koko reissun. Kipulääkkeitäkin käytin, joten ihan luomuna ei tätä reissua enää tehty. Painoa oli edelleen aivan liikaa, noin 100 kiloa, mutta näillä mennään niin pitkälle kuin mennään, ajattelin reissuun lähtiessäni. Tämä vielä ja sitten riittää.

25 Helsinki – Ljubljana – Villach

Tiistaina 25.6.2024 lensin seitsemältä aamulla lähteneellä Finnairin suoralla lennolla Slovenian pääkaupunkiin Ljubljanaan, jossa olin jo yhdeksän maissa paikallista aikaa. Kentältä siirryin pikkubussissa yhteiskyydillä keskustaan juna-asemalle (12 e). Lento oli maksanut noin 150 euroa ja paluulippu saman verran. Kerron taas tuttuun tapaan matkakustannuksista, minkä arvelen kiinnostavan omaa reissua suunnittelevaa.

Tarkistin asemalla, että netistä ostamani junalippu Villachiin puoli neljältä oli kunnossa. Voisin lähteä myös aiemmalla 11:35 junalla, jota nyt harkitsin, kun vettä satoi kaatamalla. Ei huvittanut lähteä keskustaan tuossa kelissä ja kastua. Ljubljana oli perhereissulta jo tuttu kohde eikä minulla ollut tarkoitus viipyä siellä pitkään.

Söin lounaan aseman Mäkkärissä (6 e) ja join hyvän kahvin sen viereisessä kuppilassa (1,60 e), jossa oli laaja katettu ulkoterassi. Jokaisen pöydän jalassa oli lämmitysvastus, joita yleensä näkee terassien seinillä tai katoissa. Vaikutti kätevältä. Kahvin juotuani sade loppui sopivasti. Päätin lähteä käymään keskustassa.

Ljubljanan keskusta on noin 10 minuutin kävelyn päässä asemalta. Keskustaa halkoo Ljubljanica-joki, jonka molemmin puolin kulkee viihtyisä kävelykatu. Arkkitehtuuri on näyttävää, muun muassa barokkia. Pääkaupungiksi tämä on pieni, asukkaita on vain reilut 200 000.

Vaikka oli tiistai, kaikki kaupat olivat yllättäen kiinni. Oli Slovenian kansallispäivä, järjestyksessään 33. Balkanin alueen historiaan olin tutustunut tänä vuonna monelta kantilta ja siitä voisin kertoa pitkät pätkät, mutta jääköön tässä väliin. Lyhyesti voi todeta, että kaikilla Balkanin mailla on hyvin erilainen historia ja kulttuuri, vaikka lähellä ovatkin. Tutustuin alueen historiaan ja kulttuuriin paikan päällä taas alkuvuodesta Kreikassa vaimon kanssa ja itse vielä huhtikuussa

Kroatiaan, Bosnia-Herzegovinaan ja Serbiaan tekemälläni reissulla. Parina edellisvuonna olimme käyneet Montenegrossa ja Albaniassa ja aiemmin kiertäneet pidemmän kaavan mukaan myös Sloveniassa ja Kroatiassa. Historiasta kiinnostuneelle Balkanilla riittää koettavaa.

Kun oli muutama tunti aikaa ennen junan lähtöä ja kaikki paikat kiinni, päätin hypätä kaupungin nähtävyyksiä kaduilla kiertävään turistijunaan. Se oli yllättävän halpa (10 e) ja mukavaa ajankulua. Ensin ajettiin kaupungin yläpuolella olevalle linnoitukselle. Siellä olin ennen jo käynyt, joten en jäänyt pidemmäksi aikaa. Matka jatkui joen varrelle jollekin ruohokentälle, jossa oli ravintola. Olin käynyt aiemmalla reissulla jokiristeilyllä ja tunnistin paikan. Siinä oli mukavat lepotuolit ja näkymät joelle, joten jäin kyydistä ja istuskelin lämpimässä auringonpaisteessa ja seurailin jokea ajavia veneitä. Mukavan uneliasta. Joen varrella kulkee kevyenliikenteen väylä, jota olisi mukava ajella pyörällä. Ehkä joku kerta.

Palasin keskustaan, jossa etsin ruokapaikan. Niitä vanhakaupunki on täynnä. Itselle valikoitui paikka, jonka ovenpielessä oli Michelin-merkki. Ilmeisen hyväksi todettu. Hinta oli yllättävän maltillinen (kolme ruokalajia 16 e), joten päätin testata. Tilasin myös lasin talon valkoviiniä (3,30 e). Hyvät sapuskat, vaikkakin pienet annokset. Alkoi taas sataa. Päätin siirtyä rantakadulle kahville. Menin mainoksesta päätellen slovenialaista perinneruokaa tarjoilevaan ravintolaan ja tilasin jälkiruuan nimeltä struklji. Se oli taikinamainen, ei kovin makea leivos. Ihan ok. Cafe americanon kanssa se maksoi varsin paljon (10 e). Varmaankin rantakadun ravintoloissa hinnat ovat kovemmat. Sade taukosi taas ja jatkoin aseman suuntaan. Matkalla huomasin Banksyn taidenäyttelyn mainoksen. Olin nähnyt hänen näyttelynsä Serlachius-museossa Mäntässä muutama kesä sitten ja alkoi kiinnostaa, mitä täällä olisi nähtävillä. Näyttely oli sopivasti matkalla asemalle, joten päätin käydä (14 e). Näyttely oli varsin vaatimaton Mäntän näyttelyyn verrattuna. Tulipahan käytyä.

Junalipun Itävallan puolella sijaitsevaan Villachiin olin ostanut etukäteen netistä. Se maksoi vain 10 euroa, mitä ihmettelen, kun matkaa kuitenkin on jonkin verran ja maakin vaihtuu matkalla. Slovenian junat ovat halvempia kuin Itävallassa. Hintatasosta voi vielä todeta, että Sloveniassa se vaikutti olevan alempi kuin Eestissä, varsinkin Tallinnassa ja Tartossa. Juna oli laatuaan perinteinen ja nuhjuinen. Menin istumaan 2. luokan vaunun hyttiin, jossa oli kuusi istumapaikkaa. Pian sinne tuli vanhempi mies, joka selitti, että hänellä on paikka minua vastapäätä. En oikein tiedä, miksi hän sitä selitti, kun en siinä paikalla itse istunut. Pian tuli myös nuori nainen, jonka ostamalla paikalla istuin. Hänelle sillä ei ollut kuitenkaan väliä ja hän istui käytävän puolelle, vaikka tarjosin paikkaani. Heillä molemmilla oli valtavasti tavaraa mukana. Minulla oli vain Ospreyn 33-litrainen reppu. Siihen mahtui tällä reissulla kaikki tarvittava. Painoa repullani oli 6,8 kiloa. Nyt, jo 20 vuoden jälkeen olen oppinut pakkaamaan repun siten, ettei mukana kanneta mitään ylimääräistä, kuten esimerkiksi kirjoja.

Matkaa taitettiin hiljaa ja taisin nukahtaakin. Olin herännyt aikaisin ja kulkenut koko päivän, joten ei ihme, että väsytti. Torkkujen jälkeen syntyi keskustelua juuri ohitetusta juna-asemasta ja pian opiskelijanainen ja vanha herra juttelivat seuraavasta junanvaihdosta. Itsekin tähän osallistuin, kunnes he tajusivat olevansa molemmat Hollannista ja matkalla Amsterdamiin. Kieli vaihtui ja jäin kuuntelijaksi. Sen verran sain selville, että Sloveniasta tosiaan voi matkustaa Euroopan toiselle puolelle junalla. Aikaa matkaan kuluu 19-22 tuntia. Nainen oli päättänyt Erasmus-vaihtonsa Ljubljanassa ja mies oli käynyt kotiseudullaan, josta oli paennut sodan alettua reilut 30 vuotta sitten. Nyt he asuivat ilmeisesti samassa kaupunginosassa Amsterdamissa. Aikamoinen sattuma. Tämä pitkä matka selitti heidän pakaasiensa suuren määrän. Jäin pois Villachin asemalla toivottaen heille kaikkea hyvää. Hekin jäivät siellä pois ja kiirehtivät seuraavaan junaan, johon piti ehtiä seitsemän minuutin vaihdon aikana.

Kävelin edelliskesän reissulta tuttuun kaupunkiin ja tunsin olevani kuin kotona. Tämä pieni kaupunki tuntui alusta saakka sopivalta minulle. Ehkä sitä ympäröivät vuoret, joki, kävelykadut ja pirteät värikkäät koristeet katujen yläpuolella sekä leppoisa tunnelma tekivät tämän positiivisen vaikutuksen. Ensivaikutelma oli näköjään pysyvä. Turisti-info oli mennyt viideltä kiinni, joten jatkoin hotellini suuntaan. Edelliskesän tapaan yövyin perinteisessä, jo vuonna 1898 avatussa Kramer-hotellissa, joka sijaitsee rautatieasemalta katsottuna kaupungin keskustan toisella puolella. Olin tehnyt sinne varauksen jo pari kuukautta sitten. Hintaa yhden hengen huoneelleni aamiaisineen tuli kohtuulliset 122 euroa, siis yhteensä kahdelta yöltä. Matkalla pysähdyin kaupungin pääkirkossa, jossa olin vuosi sitten kuullut sattumalta suomalaisen urkurin konserttia. Nyt kävin sytyttämässä kynttilän, kuten tapanani on ennen vaellusreissuja. Olisin tehnyt sen jo Ljubljanassa, mutta kirkot olivat itsenäisyyspäivästä johtuen kiinni. Istuskelin jonkin aikaa ajatuksissani kirkon penkillä katsellen monin tavoin koristeltua alttaria. Rauhallista.

Hotellin vastaanotossa toivotettiin taas tervetulleeksi. Ei ollut tarvetta tietojen antamiselle, koska ne löytyivät järjestelmästä. Vaihdoin vaelluskengät repussa olleisiin lenkkareihin ja lähdin takaisin kaupungille. Kirkon vieressä olevalla pienellä aukiolla oli paljon ihmisiä suuren tv-ruudun ympärillä. Aukion reunalla olevissa myyntitändeissä oli tarjolla olutta ja grilliruokaa. Tunnelma oli korkealla, kun ruudulta näkyi jalkapallon EM-kisojen peli Itävalta-Hollanti. Tilanne oli 1-1. Istuin itsekin penkkiin tilattuani paikallisen oluen (4,50 e) ja näin toisen puoliajan. Kävi niin, että Itävalta voitti sen ja samalla alkulohkonsa, joten aukio oli täynnä juhlatuulella olevia Itävallan lippuja heiluttavia kaupunkilaisia. Pelin jälkeen jatkoin matkaa kaupungin panimoravintolaan, jossa oli myös kisastudio illan toisen pelin alettua. Tilasin bratvurstin, sauerkrautia ja röstiperunoita sekä oluen (19 e). Katsoin ensimmäisen puoliajan, mutta peli oli tylsä (ja päättyi lopulta 0-0). Sinänsä mielenkiintoista, että siinä pelasi Slovenia, siis maa, josta juuri olin tullut tänne. Myös se meni jatkoon.

Suomi ei kisoihin päässyt, vaikka kävin kovasti maajoukkuettamme kannustamassa Olympiastadionin Pohjoiskaarteessa. Rehellisyyden nimissä on sanottava, että Suomen joukkue ei ollut näissä karsinoissa parhaimmillaan eikä olisi kisoissa pärjännyt. On aina mielenkiintoista vertailla maita ja urheilumenestystä. Slovenia oli kisoissa, vaikka asukkaita on paljon vähemmän (2,1 miljoonaa) kuin Suomessa. Myös edellisten MM-kisojen finalisti Kroatia oli kisoissa vahvalla joukkueella. Sielläkin on vähemmän asukkaita (3,85 miljoonaa) kuin Suomessa, joten asukasmäärästä menestys jalkapallossa ei ainakaan ole kiinni. Monesta muusta asiasta on, mutta en niitä tässä ala analysoida tarkemmin, vaikka mieli tekisikin. Sen verran tulee jalkapalloa seurattua sekä livenä että tv:stä, että tähän aiheeseen olisi helppo juuttua muutaman sivun ajaksi. Se ei nyt kuitenkaan ole kirjan aiheen kannalta helposti perusteltavissa, joten maltan mieleni.

Hyvä avauspäivä tälle reissulle. Paljon ehti tapahtua sen jälkeen, kun heräsin 04:15 Helsingissä.

149

26 Villach

Nukuin pitkään ja menin aamupalalle vasta yhdeksältä. Hyvät tarjoilut. Tuoreet sämpylät alkoivat tosin olla aika lopussa tuohon aikaan, kun aamupala oli alkanut jo puoli seitsemältä. Saliin saapuessa kysyttiin, mitä haluaisin juoda ja kun vastasin, että kahvia bitte, pöytään tuotiin pieni kannu. Arvostan.

Suuntasin ensimmäiseksi turisti-infoon, kun kiinnosti tietää, miten pääsisin Hochosterwitzin linnaa katsomaan. Se on ollut toivelistallani jo pitkään ja nyt kun olin täälläpäin ja aikaa oli, päätin käydä. Vuorille suuntaisin vasta ylihuomenna. Harmillisesti sopiva juna oli jo mennyt ja seuraava lähtisi vasta kolmen maissa. Se olisi liian myöhään, koska linna meni viideltä kiinni. Ongelma oli se, että junia kyllä kulki useammin, mutta jatkoyhteys bussilla onnistui vain kahdesti päivässä. Ajattelin, että käynpä vielä juna-asemalla tarkistamassa asian. Siellä todettiin, että seuraava juna lähtee puolen tunnin päästä. Loppumatka tulisi kävellä, mutta matka ei vaikuttanut kovin pitkältä. Niinpä päätin lähteä katsomaan, onnistuuko. Ostin menopaluulipun (27 e), jolla pääsin parissa tunnissa johonkin pieneen kylään, josta linna jo näkyi.

Linna on noin 150 metriä korkean mäen päällä keskellä laaksoa. Linna oli kuin osa tuota vuorta. Seinämät olivat jyrkät ja näky oli kaiken kaikkiaan vaikuttava. Kysyin aseman viereisestä kahvilasta, pääseekö linnalle bussilla tai taksilla. Ei kuulemma onnistuisi. Jatkoin kävellen kevyenliikenteen väylää noin kolme varttia, joista viimeinen oli ylämäkeä. Aivan ylös ei kuitenkaan tarvinnut kävellä, sillä linnavuoren alaosassa olevan lippumyymälän vierestä lähtee erikoinen kiskohissi. Sisäänpääsy maksoi 18 ja hissilippu 10 euroa. Linnaan pääsee kyllä kävellen, mutta olin jo saanut siitä tarpeekseni ja kieltämättä pikkupoikaa kiinnosti myös kokeilla, miten tuo hyvin jyrkästi kiskon päällä ylös kipuava hissi toimi käytännössä. Se oli mukava kokemus, kun maisemat tästä ikkunallisesta hissistä ympäröiville pelloille ja niiden laidalta nouseville vuorille paranivat

150

metri metriltä ylös noustessa. Linnavuori on keskellä tasamaata laajan laakson keskellä. Erikoinen luonnonmuodostelma, jonka päälle oli keskiajalla tehty tämä linna.

Hochosterwitzin linnaan pääsi ennen tämän varsin uuden hissin rakentamista vain vuorta kiertävää hevoskärryille soveltuvaa jyrkästi nousevaa soratietä pitkin. Sitä ei keskiajalla niin vain kuljettu, koska matkalle on pystytetty 14 vartiotornia, joiden kaikkien läpi piti kulkea ennen pääsyä vuoren laella olevaan linnaan. Muuta reittiä ei rinteen jyrkkyydestä johtuen ole. Käytännössä linnaa oli mahdotonta valloittaa. Vasta tykkien yleistyminen teki siitä vanhanaikaisen. Sitä ei koskaan tuhottu tai valloitettu ja nyt jäljellä on alkuperäisessä kunnossa oleva keskiaikainen linna hyvin erikoisessa paikassa.

Itse linna oli suhteellisen pieni. Linnapihalla toimi ravintola ja luulen, että suurin osa linnan saleista on tähän liittyvässä tilauskäytössä. Tämä on siitä erikoinen linna, että se on ollut saman (Khevenhüllerin) suvun hallussa nyt jo yli 600 vuotta. Se on säilynyt nykyisessä muodossaan koko tuon ajan. Oli mielenkiintoista huomata, että museon näyttelyssä oli maalauksia 1500-luvulla eläneistä suvun päämiehistä haarniskoissa ja toisaalta modernit maalaukset nykyisistä omistajista. Melkoinen historian kaari. Suku oli osallistunut myös 30-vuotiseen sotaan. Jos oikein ymmärsin, tuolloinen linnanherra oli protestantti. Heidän armeijaansahan johti tuolloin Ruotsin kuningas Kustaa Adolf IV, jonka joukoissa sotivat myös hakkapeliitat Suomesta. Nämä alueet päätyivät katolisille ja ilmeisesti linnanisännälle koitui tästä ongelmia.

Linnan isännät olivat kunnostautuneet monissa Itävallan käymissä sodissa muun muassa turkkilaisia vastaan. Nykyisin nämä kamppailut käydään onneksi enimmäkseen urheilukentillä. Tänäänkin oli illalla vuorossa EM-kisojen peli Turkki-Slovakia, joista jälkimmäisen alue kuului Itävallan keisarikuntaan ja taisteli siis turkkilaisia vastaan. Illan pelissä Turkki voitti. Eihän siinä mennyt kuin reilut 500 vuotta! No, ei vaan. Hyvää kehitystä tämä Euroopassa on ollut, vaikka Ukrainassa

151

tällä hetkellä soditaankin. Parempi olisi, että kaikki taistelut käytäisiin jatkossa jalkapallokentällä, jolloin suurimmat kiistat ja jälkipelit koskevat tulkintoja siitä, oliko tilanne paitsio vai ei. Tähän tulee pyrkiä ja EU on tehnyt siinä hyvää työtä, vaikka se helposti unohtuu.

Palasin linnasta alas tuota vahvasti linnoitettua reittiä pitkin kävellen. Olin todella tyytyväinen, että näin tämän paikan. Kannattaa tutustua googlaamalla. Paluu kävellen asemalle ei innostanut, sillä jo tänne kävellessä polvea oli alkanut jomottaa. Jostain syystä tasamaalla kävely tekee sen. Ostin turistimyymälästä linnan historiaa käsittelevän esitteen ja kysyin samalla taksista. Sain numeron, johon soitin.

Taksi tuli varttitunnin kuluttua ja vei minut 25 euron korvausta vastaan eräälle asemalle, josta tiesin kulkevan kaksi junareittiä takaisin Villachiin. Taksikuski kertoi vähän yllättäen todella innoissaan siitä, että nykyisin tälläkin alueella voi tilata Überin. Ehkä hän ajoi myös sen kyytejä. Onhan se kieltämättä kätevä systeemi. Käytin sitä kulkiessani vuokra-asuntonäytöillä Brysselissä. Samalle päivälle sai mahdutettua kuusi näyttöä, kun kulki välit Überillä. Se on erityisen kätevä oudossa paikassa, kun ei tarvitse tietää muuta kuin määränpään nimi tai osoite. Kyyti saapuu luoksesi puhelimen paikannuksella eikä ole tarvetta tietää, mikä sijaintipaikan osoite on tai etsiä taksitolppaa tai -numeroa. Myös maksun suhteen tämä palvelu on hyvä, koska kiinteä hinta on tiedossa ennen tilausta ja maksu menee suoraan luottokortilta. Mitään selvittelyä kuskin kanssa ei tarvita sen enempää matkan kohteen kuin maksun suhteen. Tämä siis tiedoksi, jos tarvetta siirtyä reissulla autolla paikasta toiseen.

Otin junan takaisin Villachiin. Matkalla mietin, että tässä ehtisi vielä käydä risteilyllä läheisellä Ossiacherseellä. Se jäi viimeksi tekemättä, kun vaelsin järveä ympäröivillä vuorilla. Niinpä jatkoin Villachiin saavuttuani toisella junalla järvelle. Päivän viimeinen risteily järven länsipäädystä lähti pian sinne saavuttuani. Hyppäsin kyytiin ja maksoin varsin kohtuullisen 15 euron maksun tästä noin kolmen vartin risteilystä.

Laiva oli lähes tyhjä. Onnistuneen päivän kunniaksi päätin ostaa lasin valkkarisoodaa. Jostain syystä nuori myyjä teki niitä minulle kaksi lasillista. Totesin, ettei haittaa, otan molemmat (yhteensä 8 euroa). Siirryin kannelle juomieni kanssa ja fiilistelin järvi- ja vuoristonäkymiä auringon alkaessa laskea. Upea kokemus eikä laimennettu jääkylmä valkoviini ainakaan heikentänyt tunnelmaa. Kannella oli vain muutama matkustaja. Pikkupojat kisasivat vuorostaan päästä kääntelemään lapsille tehtyä ruoria laivan yläkannella. Olisi tuo ollut itsellekin hieno kokemus, mutta eihän sitä nyt enää tässä iässä kehtaa. Jätin väliin ja tyydyin keski-ikäisen rooliin.

Rannoilla oli kapealla kaistaleella rantaviivan ja junaradan välissä hienoja kesäasuntoja. Etelänpuoleisella rannalla oli laaja leirintäalue, jonne suurin osa matkustajista jäi. Alus pysähtyy noin 10 satamassa tällä todella laajalla järvellä. Järveä kiertää pyörätie. Jos vielä palaan tänne, seuraavalla kerralla ohjelmassa on ehdottomasti pyörän vuokraus ja järven kierto. Polvi ei enää oikein kestä kävelyä, mutta pyöräily jostain syystä onnistuu paremmin. Liike on erilainen polven kannalta. Olen huomannut, että pyöräily on yleistynyt Alpeilla viime vuosina valtavasti, varsinkin sähköpyöräily. Ehkä alankin jatkossa suunnitella näitä reissuja pyöräilyn kannalta, jos polvi ei tule enää entiseen kuntoon. Sellaisille reissuille saattaisi vuoristopolkujen sijaan saada houkuteltua myös rouvan mukaan. Täytyypä kehitellä tätä ideaa ja tehdä hänelle tarjous, josta ei voi kieltäytyä.

Laiva ajoi päivän viimeisen vuoron eikä enää palannut järven toiseen päähän. Jäin kyydistä järven itäpäässä ja etsin lähimmän juna-aseman. Itävallan rautatiejärjestelmä on kyllä aivan omaa luokkaansa. Tässäkin pikku kylässä pysähtyy juna ja vieläpä puolen tunnin välein. Edellinen oli juuri mennyt ja kun huomasin, etten ollut syönyt aamupalan

153

jälkeen mitään, päätin mennä aseman viereiseen ravintolaan illalliselle. Ihan asiallinen vasikanpihvi, paistetut perunat ja olut (18 e) tekivät tehtävänsä.

Palasin junalla Villachiin. Kaupungin keskustan ulkoilmakisastudiossa ei ollut väkeä, joten kävelin hotellille ja katsoin pelin huoneessani. Lähdin kuitenkin vielä yhdeksän maissa kaupungille, koska olin turisti-infosta aamulla saanut kuulla joella järjestettävästä valoesityksestä. Rannalla olikin jo paljon väkeä. Tämä esitys toteutettiin kymmenillä vesisuihkuilla, joihin heijastettiin eri värisiä valoja. Olen nähnyt hieman vastaavan joskus Barcelonassa. Täällä vesisuihkut oli ajastettu James Bond -elokuvien tunnusmusiikin tahtiin. Välillä veteen heijastettiin myös pätkiä elokuvista. Kaiken kaikkiaan hieno kokemus eikä maksanut mitään. Huvittaa oli huomata, että täällä dubataan myös Bond-leffat ja niinpä eräässä kohtauksessa, jossa kuului myös elokuvan äänet, Bond tilasi drinkkinsä "Shaken, not stirred" sijaan: Geschuttelt, nicht gerürht!

Näkymä Hochosterwitzin linnasta

27 Villach – Lago di Braies

Tänään ehdin aamupalalle tuoreiden sämpylöiden kimppuun jo ennen kahdeksaa. Nälkä lähti niin hyvin, että söin seuraavan kerran vasta seitsemältä illalla. Kävelin juna-asemalle, josta otin junan Italian Dobbiaccoon (Toblach saksaksi). Lipun olin ostanut ennakolta netistä (30 e). Junamatka sujui mukavasti. Itävallan junat ovat todella siistejä ja moderneja. Jatkoin vielä yhden pysäkin pidemmälle Villabassaan (Niederdorf), josta pääsisin jatkamaan helpoiten bussilla määränpäähäni Lago di Braiesiin. Bussipysäkillä yritin käyttää siellä olleessa lapussa olevaa linkkiä ja ostaa bussilipun sen kautta. Se ei onnistunut bussin saapumiseen mennessä. Bussiin noustessani kuski yllättäen sanoi, ettei tarvitse lippua lainkaan.

Tuosta Niederdorfista tuli mieleen matka poikani kanssa ensi kertaa Dolomiiteille. Tässä kohtaa vaihdettiin bussista junaan matkalla Brixeniin ja täältä ostin tuolloin uudet sauvat bussiin unohtuneiden tilalle. Tätä reissua miettiessä tuli vähän apea olo, kun poika ei päässyt nyt mukaan, kun tälle reissulle oli tarkoitus lähteä yhdessä.

Bussimatka Lago di Braiesiin oli vain noin 10 kilometrin pituinen. Matkalla näin paljon majoitusvaihtoehtoja. Majoitusta varatessani oli nettiselailun perusteella jäänyt se kuva, ettei vaihtoehtoja kovin paljon ollut, olihan niitä näköjään paljonkin. Olin päätynyt varaamaan majoituksen Lago di Braiesin rannalla olevasta hotellista. Se ainoa rakennus tuon järven rannalla. Muut majoitusvaihtoehdot ovat kauempana järvelle vievän tien varrella alempana laaksossa. Tämä hotelli on perinteikäs, jo 125 vuotta vanha. Kun poika ei päässytkään matkaan, minulla oli nyt varattuna kahden sängyn huone. Itse olin tyytyväinen majapaikan valintaani, koska se on reitin aloituskohdassa eikä reitille lähtiessä ole tarvetta säätää bussiyhteyksien kanssa ja miettiä, miten päästä järvelle. Järven rannalla oli illalla mukavan rauhallista, kun päiväturistit olivat häipyneet ja paikalla oli vain tuon hotellin asiakkaita.

Päivällä hotellille saapuessani paikalla oli valtavasti turisteja. Alueella on iso, varmaankin puolen hehtaarin kokoinen parkkialue, jonne päiväretkellä olevat jättävät autonsa. Tämä on varmastikin suosituimpia paikkoja Italian Alpeilla. Järven erikoisuus ovat soutuveneet, joita voi vuokrata 50 euron tuntihintaan. Ne olivat kovassa käytössä. Useassa niistä näytti olevan nuori pari tunnelmoimassa. Näin myös useamman hääkuvauksia järven rannalla tehneen parin. Puitteet ovat siihen kyllä täydelliset.

Saapuessani paikalle puolen päivän jälkeen en saanut vielä hotellihuonetta, joten lähdin kiertämään järveä. Sitä kiertävää reittiä oltiin korjaamassa eikä kiertäminen onnistunut kokonaisuudessaan.

Kävin järven toisessa päässä tarkistamassa, mistä AV1-reitti ja nousu vuorille alkaa. Hieman alkoi jännittää. Ei reitti sinänsä, olinhan minä vuorilla kulkenut, vaan polven kunto. Monissa kirjoissani olen todennut, että kokemusteni mukaan vuoristovaellukset eivät yleensä jää kesken kunnon puutteen vuoksi, vaan siksi, etteivät nivelet kestä. Tähän kesään saakka se on ollut puhetta sillä perusteella, mitä olen nähnyt. Nyt kuitenkin olin päätynyt tilanteeseen, jossa olin todistamassa henkilökohtaisesti tämän seikan paikkansapitävyyttä. Jää nähtäväksi, onnistuuko suunniteltu vaellus, ja jos onnistuu, missä määrin. Nöyrin mielin olin liikkeellä. Olen myös kirjoittanut siitä, että kuljen vuorilla niin kauan kuin jalka vielä nousee ja kun ei enää nouse, vaihdan lajia. Nyt oltiin ehkä siinä tilanteessa. Sekin on ok. Halusin kuitenkin todeta tämän konkreettisesti. Luonne ei taivu siihen, että etukäteen vain toteaisin, ettei siitä mitään varmastikaan tule ja peruisin matkan. On ainakin yritetty. Sen jälkeen ei jää jossiteltavaa.

Lajin vaihdosta voi todeta, että itse asiassa pyöräily on jo ohittanut kävelyn kohdallani. Kun kävely on ollut takkuista, olen vaihtanut pyörän selkään. Innostuin myös talvipyöräilystä siinä määrin, että vaihdoin talveksi nastarenkaat pyörääni. Niillä ajo oli yllättävän vakaata. Kuljin työmatkat pyörällä ja mukavaahan se oli. Helsingissä on valtavasti hyviä pyöräreittejä vapaa-ajalle. Varsinkin rantareitit sekä idästä Vuosaaresta että lännestä Espoosta ovat mahtavia. Ehkä jatkan tätä lajia jatkossa myös vuoristomaisemissa. Ajattelen yleensä positiivisen kautta ja tässäkin mietin, että vaikka vaellus ei enää onnistuisi, se ei ole harrastuksen loppu, vaan uuden alku.

Järvenrantakierroksen jälkeen sain huoneen hotellin ylimmästä kerroksesta. Se oli varsin pelkistetty ullakkohuone käytäväkylppärillä. Huonekalut olivat umpipuusta tehtyjä tummaksi lakattuja perinteisiä malleja, kuten tällaiseen vanhaan Grand hotelliin sopiikin. Tällaisissa hotelleissa olin muutaman kerran ennenkin yöpynyt Alpeilla. Hotellin piha ja ranta olivat yksityisaluetta, jolle pääsivät vain hotellissa yöpyjät. Pihan nojatuoleissa saattoi nautiskella järvi- ja vuoristonäkymistä. Itse istuin pöydän ääreen, tilasin Cafe americanon ja kirjasin edellisten päivien tapahtumia ylös.

Illallinen Lago di Braiesin hotellilla tarjoiltiin seitsemästä alkaen. Oli hauska lukea asiakkaille annetusta kortista, että illalliselle osallistuvalle oli "dresscode". Ottaen huomioon hotellin historian ja perinteet illalliselle ei ollut suotavaa saapua shortseissa tai lakki päässä. Paria amerikkalaista lukuun ottamatta nämä varsin kohtuulliset toiveet tulivat huomioiduiksi. Hotellin aulassa oli koko päivän ajan istuskellut useampikin nuori amerikkalainen kannettavat edessään ja kuulokkeet päässä. Osa hoiti töitään ja muun muassa konferenssipuheluita. Erikoista oli kuunnella yksittäisen henkilön kommentit, jotka tietysti kuuluivat aulan salissa tämän puhuessa kuulokkeet päässä, mutta ei kuullut, mitä muut sanovat. Mikäpä siinä. Itse asiassa mahtavaa, että töitä voi hoitaa täältä vuoristosta Italiasta, vaikka muut olivat Amerikassa tai muualla. Onhan tuo houkutteleva ajatus vastaavantyyppisiä töitä itsekin tekevälle. Harvassa on minullakin työtehtävät, joissa ehdottomasti tulisi olla läsnä tietyssä paikassa ja joita ei voisi hoitaa etäyhteydellä. Ihmisten tapaaminen livenä on tärkeää, mutta tällainen työtapa lyhyemmissä pätkissä olisi kiinnostava vaihtoehto itsellekin jatkossa.

Mutta palataanpa illalliselle. Tyylikkäisiin pukuihin pukeutuneet tarjoilijat hoitivat työtään eleettömän ammattimaisesti. Alkuruoka, joka tarjottiin buffetista, löi minut ällikällä. Aivan käsittämättömän monipuolinen valikoima, mustekaloista lähtien. Otin valtavan annoksen, joka olisi riittänyt illalliseksi sellaisenaan. Mietin, että miten ihmeessä jaksan vielä syödä varsinaisen alkupalan ja pääruuan, mutta niin vain kävin hakemassa buffetista vielä toisen kierroksen. Varsinaisen alkuruuan ja pääruuan sai valita kahdesta vaihtoehdosta. Valintani eivät onnistuneet, kun en kummastakaan oikein pitänyt. Annokset olivat enemmänkin design-tyylisiä makupaloja. Onneksi olin syönyt kunnolliset annokset buffetista. Lisäksi tilasin lasin viiniä ja pullon hiilihapotettua vettä. Jälkkäri oli hyvä.

Pöydästäni näkyi suoraan järvelle. Kaiken kaikkiaan oikein tyylikästä. Toki olisi ollut mukavampi syödä illallista yhdessä jonkun kanssa, mutta kaikkea ei voi saada. Toisaalta, viereisessä pöydässä istuneella vanhemmalla pariskunnalla ei ollut mitään sanottavaa toisilleen koko illallisen aikana. Ainoat repliikit he osoittivat tarjoilijoille. Ainakaan heihin verrattuna ei siis ollut kovin suurta eroa, istuiko yksin. Usein näkee, että tilannetta, jossa keskustelut on keskusteltu, korjataan selaamalla kännykkää. Tällaisessa miljöössä se olisi kuitenkin näyttänyt typerältä, joten puhelimia ei näkynyt. Joillakin majoilla olen nähnyt seinässä tekstin: Ei ole nettiä, puhukaa toisillenne! Ehkä keskustelu on nykyisin katoavaa kansanperinnettä samoin kuin kirjojen lukeminen ja yhteydenpito on siirtynyt sosiaaliseen mediaan. Se ei kuitenkaan ole sama asia. Eli puhukaa toisillenne ja lukekaa myös kirjoja!

No, paljonko tämä maksoi? Ei aivan mahdottomasti, kun ottaa huomioon, että kyseessä oli täyshoito eli myös illallinen ja erinomainen aamupala kuuluivat hintaan. Hinta oli yhteensä 125 euroa, johon tuli 10 euroa päälle tilaamistani juomista. Kuten edellä totesin, myös muita majoitusvaihtoehtoja on hieman alempana laaksossa. Täytyy kuitenkin todeta, että esimerkiksi Dobbiaccossa hintataso oli viime vuonna samaa luokkaa kuin täällä ja sieltä on melkein parikymmentä kilometriä tänne AV1:n aloituskohtaan. Sen kulkeminen bussilla ja tuohon aamubussiin pääsykin tuottavat omat hankaluutensa ja ehkä vähän stressiäkin. Nämä vaiheet vältin yöpymällä täällä.

Illallisen jälkeen kävin vielä järven rannalla kuvaamassa tyylikkääseen jonoon järjestettyjä soutuveneitä nyt tyhjällä järvellä. Vastarannalla näkyi jylhä vuorenseinämä ilta-auringossa. Vaikuttava näkymä. Olin tyytyväinen, että tulin tänne yöksi. Huomenna päästään viimein varsinaiseen asiaan.

Lago di Braies

28 Lago di Braies – Pederu

Heräsin varttia vaille seitsemän. Kamat kasaan ja aamupalalle, jolle pääsi puoli kahdeksan. Sitä ennen maksoin huoneeni. Karismaattinen hotellin johtaja totesi, että täällä käy harvoin suomalaisia. Aamupala oli erinomainen. Italialaiseen tapaan tarjolla oli sämpylöiden ja muiden perusjuttujen lisäksi valtava määrä makeita herkkuja joita on tottunut syömään jälkiruuaksi.

Edessä oli 870 metrin korkeusero. Sen verran heti alkuun siis ylämäkeä. Ei ollut mitään tietoa, kestääkö polvi tuollaista, mutta nythän se selviäisi. Treenaus oli jäänyt viime kuukausina vähille ja lähinnä pyöräilyn varaan. Talvella kävin kyllä paljon salilla ja vähän uinkin, mutta jalkatreenit olivat varsin rajattuja eikä esimerkiksi yleensä tekemäni askelkyykyt tulleet kyseeseen.

Vaikka polven kunto arvelutti, olin todella innoissani päästessäni viimein reitille. Oli tätä taas odotettu. Valmistelut olivat alkaneet jo edellisen vuoden puolella, koska tämä AV1-reitti on hämmentävän suosittu ja varauksia majoille tehdään jo edellisen vuoden puolella. Tuossa vaiheessa polvi ei vielä oikkuillut ja olin päättänyt aloittaa reitin pidemmällä etapilla ja yöpyä ensimmäisen kerran vasta Lavarellan majalla. Keväällä polven kipeydyttyä tämän suunnitelman toteuttamiskelpoisuus alkoi epäilyttää ja muutin sitä siten, että jaoin suunnittelemani ensimmäisen etapin kahteen osaan. Varasin majoituksen lähempänä olevalta Pedurun majalta ja siirsin Lago di Braiesin majoitusta päivällä aikaisemmaksi. Se oli näin jälkikäteen ajatellen oikea johtopäätös.

Liikkeelle lähdin kahdeksalta. Alkumatkan reitti kulki tuttua polkua järven ympäri, minkä jälkeen se jatkui metsän keskellä irtosorapohjaisella polulla. Myöhemmin pohjana oli tukevampaa kalliota. Alkumatka sujui yllättävän mukavasti. Noin parin tunnin ylämäen jälkeen alkoi meno vähän hiipua ja moni ohitti minut. Jatkoin

161

kuitenkin hitaammalla vauhdilla enkä pysähdellyt. Vauhtini ei päätä huimannut, mutta etenin kuitenkin hitaasti, mutta vakaasti mäkeä ylös. Maisemat olivat hienot, samoin sää. Aurinko paistoi koko päivän, mutta onneksi ensimmäiset puolitoista tuntia reitti kulki rinteen pohjoispuolella varjossa. Loppuosassa nousua oli pitkä pätkä, jossa piti kulkea lumessa. Aina se vähän jännittää, että kestääkö hanki. Kesti se.

Saavuin vuoren laelle Forcella Sera Fornoon (2388 m), josta näkyi Rifugio Biellan maja (2300 m). Sielläkin olisin voinut yöpyä ja pitkään tätä matkaa suunnitellessa harkitsinkin, kun se on käyttämässäni Ciceronen reittikuvauksessa otettu ensimmäisen etapin päätepisteeksi. Onneksi en kuitenkaan sitä tehnyt, koska päivästä olisi tullut aivan liian lyhyt. Olin siellä jo varttia vaille kaksitoista eli kuljettuani ylämäkeä 3 tuntia ja kolme varttia. Sen verran minulla kului tuon 870 metrin korkeuseron nousuun. Hyväkuntoinen ei tarvitse siihen kolmea tuntia. Moni muu oli ilmeisesti varannut ensimmäisen yöpymisen täältä. He olivat ohittaneet minut ylämäessä ja nyt moni näytti kiipeävän majan lähellä olevalle huipulle. Heillä oli pitkä päivä majalla ennen illallista ja varmaankin tappoivat aikaa tällä ylimääräisellä aktiviteetilla, joka ei siis varsinaiseen reittiin kuulu.

Menin Biellan majalle ja tilasin juureskeiton, lasin sitruunasoodaa sekä ison pullon vettä (16 e). Minulla oli repussa varsin vähän vettä tällä reissulla, vain kahden litran camelback. Arvelin, että tällä reitillä riittää majoja niin paljon, että saan niiltä tarvittaessa täydennettyä juomavaroja eikä ole tarvetta kantaa niin paljoa. Näin repun paino eväineen ja juomineen pysyi alle 10 kilossa koko reissun ajan.

Keiton valmistuminen kesti hetken, kun olin päivän ensimmäinen asiakas (keittiö avautui kahdeltatoista). Laitoin lisää aurinkorasvaa ja elvyin sisällä viileämmässä ilmassa. Muut asiakkaat istuivat ulkona terassilla. Tämän noin kolmen vartin tauon jälkeen jatkoin matkaa. Reitti muuttui tasaisemmaksi, loivaksi alamäeksi matalan kasvuston keskellä. Jylhiä kallioseinämiä näkyi siellä täällä, mutta tämä ylhäällä oleva laaja laaksontapainen oli itse asiassa hyvin vehreä. Matalan heinikon keskeltä huomasin murmelin, jonka touhuja jäin seuraamaan. Hauskoja otuksia.

Vastaan tuli aasialaisen näköinen nuori nainen, joka kysyi minulta tietä jollekin järvelle. En sitä tiennyt enkä kartastanikaan löytänyt. Vähän erikoista kulkea täällä reilussa parissa tonnissa ilman karttaa kysellen reittiä. Ei ole ensimmäinen kerta, kun olen näitä kulkijoita ihmetellyt. Noin tunnin päästä Biellalta lähdön jälkeen saavuin Rifugio Sennesille (2116 m). Sen edessä oli paljon polkupyöriä, joista osa latauslaitteessa. Sähköpyöräily on tosiaan muuttanut vuorilla kulkemista. Tänne tulee hyväkuntoinen soratie, jota käyttävät majojen pitäjät ja niille tavaraa tuovat. Muutoin ne ovat pyöräilijöiden ja vaeltajien käytössä. En pysähtynyt tälle majalle. Heti sen jälkeen oli laaja tasainen ruohoniitty, jossa kasvoi valtavasti keltaisia kukkia. Kuvauksellista, kun taustalla on jyrkkiä vuoren seinämiä.

Matka jatkui alamäkeä Rifugio Fodana Vedlalle (1966 m) soratietä pitkin ja välillä sen mutkia metsäpolkua pitkin oikoen. Pysähdyin tuolla majalla ja tilasin kylmän kokiksen. Aivan taivaallista hellepäivänä. Poika soitti sattumalta ja juteltiin niitä näitä. Ehkä hän kautta rantain tarkisti, että onko kaikki hyvin. Varmaankin polveni kunto antoi aiheen tarkkailla tilannetta. Hyvähän se vaan on, jos pitävät vähän silmällä tätä jo harmaantunutta ukkoa.

Etapin loppuosuus Rifugio Pederulle (1548 m) oli todella jyrkkää alamäkeä. Välillä kuljetaan soratiellä, välillä polulla, lopussa tie on betonia, koska muuten se varmaankin sortuisi. Voisi ajatella, että ylämäki ja alamäki olisi pahinta kipeälle polvelle, mutta olikin päinvastoin. Polvea jomotti matkan keskivaiheilla, kun reitti oli tasaisempaa. Omituista. Jälkikäteen joku järkeili, että kun polvi oli ennen reissuun lähtöä punkteerattu eli siitä oli poistettu nestettä, siinä oli vähemmän "voiteluainetta" ja juuri tasamaalla liikkuvat osa osuvat

163

pahiten vastakkain. Ylä- ja alamäessä taas nivelten ja luiden välissä on enemmän väljyyttä asennosta johtuen eikä kipuna tuntuvaa painetta siten synny niin helposti. Ehkä siinä on jotain perää, koska myöskään pyöräillessä kipua ei tule samalla tapaan kuin kävellessä ja pyöräilyssä polven liike on enemmänkin ylä- ja alamäkeen kulkemista vastaava.

Pederun maja on laakson perällä ja sinne pääsee myös bussilla. On siis mahdollista kulkea tämä etappi myös julkisilla, mikä kannattaa huomioida, jos sää on aivan mahdoton. Tänään sää oli mitä parhain. Olin todella tyytyväinen saatuani kuljettua tämän etapin läpi. Aikaa siihen kului paljon enemmän kuin ohjeellinen aika reittikuvauksessa on (5 h 50 min). Saavuin perille vartin yli neljä iltapäivällä. Kun siitä ottaa pois reilun tunnin verran taukoja, kävelin siis seitsemän tuntia, jonka aikana etenin vaatimattomat 13 kilometriä. Korkeuseroa kertyi ylöspäin 870 metriä ja alas 1040 metriä. Paljon enempää en olisi kyllä jaksanutkaan ja olin tyytyväinen, että olin ottanut tämän majoituksen tähän väliin. Alkuperäinen suunnitelmani oli siis ollut jatkaa tästä vielä seuraavalle majalle. Sinne jatkaisin kuitenkin vasta seuraavana päivänä. Tämä oli oikein hyvä aloitus vaellukselle ottaen huomioon, ettei lähtiessä aamulla ollut mitään tietoa siitä, onnistuuko kulku vuoristossa ylipäätään.

Sain punkan Pederun majan yläkerran 12 hengen huoneesta. Olin toisena paikalla ja sain valita mieleisen sängyn. Huoneessa oli minut tänään jo alkumatkasta ohittanut italialainen nainen. Hän ihmetteli suuresti sitä, että olin tullut Suomesta tänne vaeltamaan. Kaipa se on erikoista. Myöhemmin huone tuli täyteen. Sinne tuli muun muassa kuuden amerikkalaisnuoren porukka. Kovaäänistä puhetta, jossa ei ollut sisältöä nimeksikään. Kaikki ajatukset tulevat sellaisenaan kaikkien tietoon. Vähän rasittavaa sakkia.

Pederun majan suihkutilat olivat puhtaat ja toimivat. Verrattuna esimerkiksi päivällä näkemääni Biellan majaan tämä on selvästi viihtyisämpi. Sennesin majaa en nähnyt sisältä, mutta ulkoa se näytti modernilta. Vaihtoehtoja tällä etapilla siis on ja pidemmällekin voi vielä samana päivänä jatkaa. Seuraavat Lavarellan ja Fanesin majat ovat suhteellisen helpon kävelymatkan päässä.

Illallinen alkoi kuudelta. Oli edelleen lämmin ja söin ulkoterassilla, kuten suurin osa yöpyjistä. Ruoka tilataan listalta ja hinnat ovat tapissa. Syömäni gulash maksoi 20, leipäkori 3 ja olut 5 euroa. Yhteensä majoitus makuusalissa ja ruuat maksoivat 85 euroa. Majalla oli mukava tunnelma ja palvelu erittäin ystävällistä. Päällimmäisenä tunteena oli nukkumaan mennessä tyytyväisyys. Ehkä tämä sittenkin onnistuu.

Rifugio Fodana Vedla

166

29 Pederu – Lavarella

Nukuin pitkään, kun tiedossa oli lyhyt etappi. Aamupalalle menin kahdeksan maissa. Muut huoneessa yöpyneet olivat jo lähteneet. Itse lähdin ulos varttia vaille yhdeksän. Pederun majan pihalla oli paljon ihmisiä ja suuren urheilujuhlan tuntua. Sain kuulla, että tällä alueella järjestettiin ultramaratonin maailmancupin (UTMB) kilpailu ja ensimmäinen tankkauspiste oli juuri tämän majan edessä. Pian ensimmäinen juoksija saapuikin paikalle yleisön kannustaessa.

Tuo on kyllä aivan käsittämätön laji. Reitillä on pituutta 80 kilometriä ja se kulkee ylös alas vuoristossa. Tässä kohtaa matkaa oli taitettu 20 kilometriä. Seuravana juoksijoilla oli edessä kova nousu, jonka eilen olin kulkenut alamäkeen. Maali oli Cortinassa. Juoksijat tankkasivat tässä kohtaa pienen repun tai oikeastaan liivin taskut täyteen energiageeliä ja juotavaa. Eniten tuossa lajissa ihmetyttää kyky juosta todella kovaa alamäkeen irtosorapohjaisia polkuja. Siinä on nivelet kovilla. Arvelen, että ensimmäisenä tähän pisteelle aamulla ehtineet olivat ammattilaisia tässä lajissa.

Tämä oli minulle kolmas kerta, kun näin paikan päällä tällaisen tapahtuman. Edelliset olivat Ranskan Alpeilla Val d'Iseressä ja Sellan vuoristossa Dolomiiteilla. Täällä osallistujia oli valtava määrä, kuten sain kohta huomata. Osa oli mukana varmastikin enemmänkin kilpailemassa itseään kuin muita vastaan. Vastaavantyyppistä olen itsekin joskus testannut Helsingin minitriatlonilla, jolle olen osallistunut kolme kertaa. Nuo ajat tuntuvat nyt kovin kaukaisilta.

Lähdin kulkemaan suuntaan, josta juoksijat tulivat. Olisi kannattanut kulkea majalta lähtevää soratietä, mutta huomasin sen liian myöhään. Niinpä ensimmäinen tunti meni enimmäkseen alaspäin kapeaa polkua rynniviä juoksijoita väistellessä. Odottelin rauhassa polun reunassa vähän leveämmässä kohdassa ja etenin muutaman kymmenen metriä, kunnes taas tuli juoksijoita vastaan ja jäin odottelemaan. Heillä oli numerolapuissaan kotimaansa lippu ja bongasin yhden Suomen lipunkin. Juoksijan nimi oli Veikko, sukunimeä en nähnyt. Kannustin tietysti häntä: "Hyvä Suomi, hyvä Veikko!". En tiedä, kuuliko hän huutoni. Yksi juoksijoista ainakin huomasi minut tai oikeastaan paitani. Minulla oli päällä toisen suosikkijoukkueeni Atletico Madridin paita, jonka joku espanjalainen juoksija bongasi huutaen iloisesti: "Vamos Atletico!". Vastasin tietysti samaan tapaan. Jalkapallo yhdistää.

Tämä hidas eteneminen ei minua häirinnyt, koska tälle päivälle suunnittelemani etappi oli lyhyt ja ennen kaikkea siksi, että polveni oli aivan jumissa. Polven liikerata oli pieni ja koko ajan piti ikään kuin pakottaa itsensä kävelemään normaaleja askelia. Jalkaterä veti oikealle, minkä luulen johtuvan siitä, että polven vasemmalle puolelle oli taas kerääntynyt nestettä ja jalka korjasi liikettä sen mukaan. Sama juttu eilen puolimatkassa. Muutenkin meno oli takkuista ja jalkoja väsytti. Aurinko paahtoi taivaalla ja lämpötila oli jo aamusta lähempänä kolmeakymmentä. Niin vain se mäki tuli kuitenkin noustua.

Loppumatkan reitti kulki varsin tasaista soratietä ylempänä vuoristossa olevassa laaksossa. Voi myös kulkea koko matkan polkua, joka lopulta päättyy samaan paikkaan. Saavuin kolmen tunnin kävelyn ja odottelun (ohjeellinen aika 1 h 50 min.) jälkeen majalle tai oikeastaan majoille, sillä niitä on tämän laakson perällä kaksi aivan lähekkäin. Alkuperäinen suunnitelmani oli ollut kulkea ensimmäinen etappi tänne Lavarellan majalle (2042 m) saakka. Tästä päivästä tuli siis vaelluksen kannalta hyvin lyhyt, mutta olin tyytyväinen, että näin kävi. Ei kulkenut yhtään. Eilinen kahdeksantuntinen oli vienyt voimat tästä miehestä ja otin puolikkaan lepopäivän kiitollisena vastaan. Suosituksena voi kuitenkin sanoa, että hyväkuntoinen liikkuja voi hyvässä säässä suunnitella ensimmäisen päivän etapin päättyvän tänne, jos pääsee aloittamaan aikaisin Lago di Braiesilta. Sään ollessa todella huono voi siirtyä bussilla Pederulle ja kävellä tämän loppuosan sieltä. Reitti on tässä kohtaa helppo, varsinkin, jos kulkee soratietä, jota pyöräilijät käyttivät. Matkalla on myös pienempi maja (Ucia dles Muntagnoles), jossa voi ruokailla ja yöpyä, jos tarvetta ilmenee.

Olin varannut Lavarellalta huoneen minulle ja pojalle, kun tarkoitus oli järjestää hänelle vähän ekstraa. No, nyt minulla oli kahden hengen huone vain itselle. Vuoristossa se oli jo luksusta ja luksuksesta saa maksaa. Olin maksanut meidän varausmaksua etukäteen jo 105 euroa. Yritin muuttaa huoneen varauksen punkkaan makuusalista, mutta se oli täynnä eikä muutos onnistunut.

Huoneeseen pääsi kahdelta, joten minulla oli aikaa käydä lähellä olevalla Fanesin majalla. Se on näköetäisyydellä. Majojen välillä on niitty, jossa oli kymmeniä lehmiä laitumella. Mitään aitauksia lehmillä ei ollut. Ne tuodaan tänne ylemmäs kesäisin, kuten monissa muissakin vuoristolaaksoissa eri puolilla Alppeja. Alue näiden majojen välillä on varsin idyllinen ja lehmien äänet tekevät siitä sympaattisen.

Fanesin majalla oli paljon pyöräilijöitä. Tänne tulee tosiaan soratietä pitkin helppo pyöräreitti Pederulta ja tästä voi jatkaa pyörällä vuoren yli seuraavaan laaksoon, jonne itsekin seuraavana päivänä suuntasin. Menin aurinkoiselle terassille ja tilasin sitruunasoodan (4 e). Tilasin myös kasviskeiton, joka oli vaatimaton laadultaan (suoraan pakastepussista tehty), muttei hinnaltaan (10 e). Ruokailu tässä laaksossa ei ole halpaa. Seurasin ihmisiä terassilla. Suurin osa oli päiväretkeilijöitä, jotka olivat ajaneet tänne pyörillä. Paikalle saapui myös majan isäntä. Pidän tästä tavasta, kun he joillakin majoilla tulevat jututtamaan asiakkaita. Tämäkin heitti jotain herjaa yhdelle pöytäseurueelle. Hauskanoloinen tyyppi, minkä varmisti se, että hänen vyönsä soljessa oli sheriffin tähti.

Palasin Lavarellalle, josta sain mukavan huoneen. Siistit kylppärit olivat käytävällä kerrosta alempana. Wifi alkoi toimia 14.30, mikä varmaankin oli ajoitettu siten, että suurin osa päiväretkeilijöistä oli jo lähtenyt, kun keittiö meni kahdelta kiinni. Kävin suihkussa, pesin vaatteita ja ripustin ne ulos pyykkinarulle. Kirjoittelin näitä tarinoita muistiin alakerran tuvassa. Tilasin oluen, joka ei ollutkaan mikä tahansa kalja. Tällä majalla on nimittäin Euroopan korkeimmalla sijaitseva olutpanimo! Nyt lukijallekin alkaa ehkä selkeytyä, miksi majoitun täällä enkä viereisellä Fanesin majalla.

Illallinen alkoi kuudelta. Se tilattiin ruokalistalta. Täällä annokset olivat suuret verrattuna Pederun tarjoiluun. Tilasin alkuruuaksi pannullisen maustettua tagliatellea ja pääruuaksi paistetut perunat ja omeletin, johon oli sisään paistettu ohutta kinkkua. Hintaa näille oikein hyville ruuille ja lasille punaviiniä tuli 32 euroa. Tilasin seuraavalle päivälle myös eväspussin (16 e). Laskua maksaessani talon rouva pyöristi kaiken tasasummaan 100 euroa, ehkä siksi, ettei vaihto halvempaan yöpymiseen ollut onnistunut. Kun olin maksanut jo etumaksua (kahdesta henkilöstä) 105 euroa, yöpyminen omassa huoneessa, pari olutta, illallinen, aamupala ja eväät tulivat maksamaan yhteensä 205 euroa. Elämä on. Hintaa saa tietysti alemmaksi yöpymällä makuusalissa, joten siinä mielessä tämä ei ole vertailukelpoinen hinta muihin majoihin nähden. Puolihoito makuusalissa maksaa Lavarellalla sen nettisivun mukaan hyvin kohtuulliset 55 euroa. Kannattaa myös tarkistaa viereisen Fanesin hinnat. Kaikki majoitusvaihtoehdot löytyvät netistä googlaamalla ja kootusti kätevästi Ciceronen kustantamasta *Alta Via 1 Dolomites* - kirjasta. Sitä lukemalla voi paketoida itselle sopivat etapit ja majoitukset. Käytännössä tämän reitin majat varataan heti, kun se on mahdollista, joten seuraavan kesän reissun suunnittelu ja varaukset kannattaa aloittaa loppuvuodesta.

Hyvä päivä tämäkin, vaikka matka ei paljon edennyt.

30 Lavarella – Lagazuoi

Hyvin nukutun yön jälkeen heräsin puoli seitsemältä, laitoin kamat valmiiksi ja vettä camelbackiin (hanavesi tällä majalla on juotavaa). Hyvä aamupala, pieni kannu kahvia ja menoksi puoli kahdeksalta. Sää oli kirkas.

Aluksi lyhyt nousu, jonka jälkeen mukavaa etenemistä laaksossa, jossa laidunsi lehmiä. Keskellä virtasi puro. Polveni oli ihan ok ylämäessä, mutta tasamaalla oli taas hankalampaa. Monet samalla majalla yöpyneet ja sieltä myöhemmin lähteneet menivät ohi. Eräs perhe kiinnitti huomioni jo majalla. Heillä oli noin 6-vuotias poika mukana. Hän kulki koko päivän etujoukoissa isänsä kanssa muiden tullessa perässä. Energiaa riitti kuin omalla pojallani aikanaan, kun tätä harrastusta hänen kanssaan aloitettiin. Hänkin oli kuuden vanha, kun ensimmäistä kertaa käytiin reitillä Tatralla.

Tunnin kuluttua eteen avautui hieno näkymä. Leveän tasaisen laakson toisessa päässä kulkusuunnassa vasemmalla kohosi jylhä kallioseinämä, jonka keskellä oli kapea, matalampi kohta, niin sanottu vuoren satula. Reitti nousi tuota noin 300 metriä ylempänä olevaa aukkoa kohti. Etäisyyttä sinne oli vaikea arvioida. Tässä kohtaa on vaihtoehtona mennä laakson kautta suunnaten oikealle tai tuota ylempää reittiä. Ylempi reitti näytti ensin siltä, että sinne en todellakaan lähde, mutta mitä lähemmäs kävelin, sitä enemmän alkoi tuntua, että taidanpa kuitenkin. Ja menin myös. Nousu kesti yllättävän kauan, varmaankin tunnin. Pääsin kuin pääsinkin vuoren satulaan, jonka nimi on Forcella del Lago (2486 m). Se on dramaattisen näköinen paikka, koska toisella puolella reitti laskeutuu heti hyvin jyrkästi alas kahden pystysuoran kallion välissä. Näkymät tuossa kohtaa tällaisena aurinkoisena päivän olivat todella vaikuttavat.

Nousun onnistumisesta tuli paljon lisäenergiaa. Reitin koko loppuosa näkyi tuosta ylityskohdasta. Näki, että edessä olisi jyrkkä alamäki, minkä jälkeen hyvin pitkä ylämäki seuraavan vuoren päällä olevalle Lagazuoin majalle. Ylityskohdassa tuuli kovasti. Vaihdoin nousussa hiestä kastuneen paitani kuivaan ja söin majalta mukaan ostamastani eväspussista omenan. Pari amerikkalaisten ryhmää oli siinä samaan aikaan. Eräs nainen kertoi kovaan ääneen kaiken, mitä mieleen tuli. Aika paljon tuli.

Lähdin laskeutumaan irtosorapohjaista, sivuilta pitkin puupölkyin tuettua siksak-polkua. Tässä kohtaa sauvat olivat todellakin paikallaan, sillä rinne oli hyvin jyrkkä. Etenin hitaasti, samoin kuin amerikkalaisryhmä, jolla oli mukana opas. Juteltuani hänen kanssa huomasin, että he menevät reitin sivusta erkanevaa polkua eivätkä kävele pääreittiä alas lammelle, johon tuo jyrkkä alamäki päättyy. Menin itsekin siitä heidän perässä. Tuon vaihtoehtoisen reitin kulkemalla säästi laskeutumista ja nousua molempiin suuntiin vajaat 100 korkeusmetriä. Tuo reitti kulki 600 metriä korkean pystysuoran seinämän alapuolella. Eli jylhät on maisemat tässä kohtaa. Tämän oikoreitin toisessa päässä oli kyltti, jossa varoitettiin kivivyöryvaarasta ja todettiin, että reitti on suljettu. Vastaavaa kylttiä en ollut nähnyt suunnassa, josta tulin. Tuossa kohtaa myös varsinaisella reitillä on paljon irtokiviä, joten molemmissa reittivaihtoehdoissa on mielestäni jonkinasteinen kivivyöryn vaara.

Päästyäni viimein jyrkänteen alas istahdin kiven päälle lepäämään. Näkymä tulosuuntaan oli epätodellinen. Tässä kohtaa kai sana dramaattinen on paikallaan, jos maisemasta sellaista joskus käyttää. Samalla huomasi, kuinka valtavan pitkä ja vaativa ylämäki on vielä edessä. Edellisen vuoren laelta katsoessa se ei näyttänyt niin pahalta, mutta nyt täältä alaviistosta katsottuna tuli melkein epäuskoinen tunne, että tuonneko tosiaan vielä nousen. Eipä siinä muu auttanut kuin lähteä yrittämään.

Reittivaihtoehdoista tässä kohtaa voi todeta, että jos valitsee aiemmin reitillä laakson ja Scotoni-nimisen majan kautta kiertävän reitin, se

172

yhtyy takaisin reittiin tässä kohtaa. Kulkeminen Scotonin majan kautta (jossa voi myös yöpyä) on helpompaa, mutta toisaalta noustavaa tulee ainakin saman verran ja nousu tulee yhtenä pitkänä ylämäkenä reitin lopuksi. Huonolla säällä tuo Scotonin reitti on oikea valinta. Pitkä ylämäki oli minulle melkein liikaa, mutta nousin sen kuitenkin (Forcella Lagazuoi (2573 m). Onneksi edellinen päivä oli ollut kevyempi ja olin nukkunut hyvät yöunet. Pidin melkoisen määrän levähdystaukoja. Polvi väsyi ja meno oli vaivalloista. Tässä nousussa oli useissa kohtaa paljon lunta ja reitti oli siksikin työläs. Loppunousussa oli laajoja lumikenttiä, joita yritin parhaani mukaan kiertää, mutta pakko niiden ylikin oli välillä kävellä. Lumessahan ei sinänsä ole mitään ihmeellistä, suomalaiselle varsinkaan, mutta täällä niiden alla voi virrata puro ja paksulta näyttävä lumikenttä voi olla vain onton hangen ohut kuori. On siis vaarana, että lumihanki pettää ja kulkija voi tippua yllättävän syvälle. Tänä kesänä lunta oli reiteillä ajankohtaan nähden vielä paljon. Tapasin myöhemmin reissussa erään suomalaisnaisen, joka oli ollut AV2:lla pari viikkoa aikaisemmin. Eteneminen oli ollut paikoin todella vaikeaa. Siellä oli sattunut myös haaveri, kun kokenut norjalainen vaeltaja oli tippunut muutaman metrin ja katkaissut jalkansa. Pelastushelikopterille oli tullut töitä.

Noustessa oli myös kohtalainen vastatuuli. Tässä kohtaa oli selvästi viileämpää kuin tähän mennessä reitillä. Aivan reitin lopussa on jyrkkä kohta, jossa noustaan vuoren huipulla olevalle Lagazuoin majalle (2752 m.). Rinteessä on tässä kohtaa edestakaisin kiertävä polku, mutta se oli lumen peitossa. Tuo jyrkänne kiivettiin nyt kapeasta kohtaa, josta lumi oli jo sulanut. Se oli jyrkkä ja liukas. Raskas nousu kaiken kaikkiaan.

Korkeuseroa ylös kertyi tänään 1050 metriä ja alas 450 metriä. Saapuessani perille kello oli puoli neljä eli olin reitillä kahdeksan tuntia. Matka edistyi tuossa ajassa noin 13 kilometriä. Päästyäni viimein majalle olin aivan puhki. En jaksanut ottaa edes valokuvia, vaan painuin saman tien sisälle. Tässä vaiheessa sää alkoi muuttua ja pian sumu ympäröi majan eikä sieltä nähnyt mihinkään.

Varaukseni löytyi ja sain punkan alakerran huoneesta, jossa oli 14 sänkyä. Vitosella sai ostaa suihkupoletin. Kävin suihkussa, mutta en jaksanut pyykätä. Lämpimän suihkun elvyttämänä ja puhtaat vaatteet päällä siirryin yläkerran ravintolaan. Se oli jaettu päivällä kahteen osastoon, toisella päiväretkeilijät ja toisella majalla yöpyjät. Tämä oli hyvä systeemi, koska päiväturistien puoli oli aivan täynnä. Pian se kyllä tyhjeni, kun keittiö meni kiinni. Majalla päiväseltään käyneet lähtivät alas laaksoon kävellen tai toisella puolella vuorta kulkevalla kabiinihissillä. Tänne pääsee siis hissilläkin. Minun kaltaiset vähän yksinkertaisemmat tyypit sen sijaan kiipeävät tänne! Tiedoksi siis, että tänne saapuessa voi jatkaa vielä alas laaksoon joko kävellen (kuten oppaan vetämä ryhmä teki) tai hissillä, jos ei ole halua tai mahdollisuutta yöpyä tällä Lagazuoin majalla.

Tällä alueella on paljon 1. maailmansodan aikaisia linnoituksia ja tunneleita, joissa voi kulkea lampun kanssa. Itselle tämä vaihtoehto ei polven kunnon takia tullut edes harkintaan, mutta tämä siis tiedoksi. Mielenkiintoista on huomata, että tämä alue kuului sodan alkaessa Itävaltaan ja linnoitusjärjestelmät ovat siis heidän tekemiään. Myös esimerkiksi Cortinan kylä kuului tuolloin Itävaltaan. Rajaa siirrettiin Itävallan tappion jälkeen pohjoisemmaksi. Edelleen siellä puhutaan saksaa, vaikka Italian maaperällä ollaankin.

Ravintolan puolella tilasin sitruunasoodan. Oli mukava huomata nimeni eräälle pöydälle asetetussa kortissa. Kirjasin näitä juttuja ylös ja söin loput ruuat eväspussistani. Illallinen alkoi puoli seitsemän. Ruuat valittiin etukäteen majalle tullessa muutamasta vaihtoehdosta. Otin lasagnea ja kanaa. Hyvät ruuat täälläkin.

Samaan pöytään kanssani oli plaseerattu tsekkiläinen nuoripari. Heidän kanssa tuli juteltua paljon. Olivat tosi mukavia. He olivat

174

matkustelleet Alpeilla monissa paikoissa, varsinkin talvella. Automatka Prahasta tänne ei ole iso juttu, minkä hieman kateellisena pistin merkille. Suomesta lähteminen on aina erityinen ja hintava prosessi, jossa pitää lyödä kiinni lennot ja muutenkin ihan oikeasti lähteä matkalle, ei vain ajaa johonkin. Pariskunta oli kiinnostunut Suomesta. Halusivat matkustaa sinne talvella ja nähdä tietysti revontulet. Kysyivät, onko Lapissa talvella pimeää. Rovaniemellä yhden talven asuneena ja lapsuuteni Oulun seudulla viettäneenä saatoin kertoa, että kyllä on.

Juteltiin myös vaellusreiteistä. Heitä kiinnosti erityisesti München-Venetsia -reitti. Tämä tuli puheeksi, kun käytiin läpi, mihin asti tätä reittiä oli tarkoitus edetä. He aikoivat jatkaa vielä päivän. Itsellä oli tarkoitus jatkaa vielä muutama etappi, mutta ei kuitenkaan koko AV1:tä, koska useat sen loppuosan etapeista ovat samat kuin München-Venetsia -reitillä ja ne olin jo nähnyt. Heidänkin kohdalla teki vaikutuksen, että olin kulkenut jo AV2:n. Yleensähän kai tehdään niin, että aloitetaan tästä ykkösestä ja ehkä joskus käydään toinen, mutta paljon harvinaisempaa se on AV2:n vaativuudesta johtuen. Tämä AV1 on yksinkertaistaen kävelyä, mutta AV2 on raskaampi ja sillä on muutama teknisesti hankalampi osuus.

Illallisen jälkeen ostin pari litraa pullovettä (täällä hanavettä ei voi juoda) ja aloin täyttää niillä camelbackiä jutellen samalla makuusalissa vastapäisessä punkassa majoittuneen britin kanssa. Yhtäkkiä eräs espanjalaismies huusi minulle, että vesi tulee lattialle. Katsoin hämmästyneenä, että niinpä tuleekin. Olin jättänyt juomarakon suuosan auki ja täyttäessäni nyt säiliötä vesi meni siitä suoraan läpi. Lattialla oli yhtäkkiä toista litraa vettä. Aivan mahtavaa! Ensinnäkin hemmetin noloa ja toiseksi kallista, sillä pullot olivat maksaneet 6 euroa litra. Ei auttanut muu kuin lähteä etsimään kuivausvälineitä. Sain yläkerran ravintolasta kertakäyttöisen pöytäliinan, mutta se ei riittänyt. Menin uudestaan ylös ja paikalle saapui joku ravintolatyöntekijä mopin kanssa. Sillä saatiin lattia

175

kuivaksi. No, eipä tuo niin vakavaa ollut, noloa vain. Kuin ihmeen kaupalla reppuni, jossa tuo camelback oli, säilyi kuivana.

Tämäkin maja oli kallis. Olin maksanut ennakkomaksua kahdesta majoittujasta 63 euroa. Sen sain onneksi luettua hyväksi myös peruutetun poikani majoituksen osalta oman laskuni hyväksi. Ruuistani, suihkusta ja vesipulloista sekä aamupalasta kertyi maksettavaa 99 euroa eli yhteensä 162 euroa.

Sää oli koko illan usvainen eikä näkyvyyttä laaksoon ollut.

Polvituki ja 33 litran reppu

Vasemmalla Forcella del Lago

Forcella del Lago

Laskeutuminen Forcella del Lagosta, minkä jälkeen nousu vuoren päälle Rifugio Lagazuoille

Reitti alas Forcella del Lagosta. Oikealta alkaa variantti, jota käytin.

31 Lagazuoi – Averau

Ilma oli aamulla illan tapaan sumuinen. Välillä ukkonen jylisi ja aamupalan aikaan alkoi sataa. Minulle oli päivänselvää, etten lähde kävelemään reitille täältä ylhäältä, jos hissillä pääsee alas. Tämä johtopäätös varmistui käydessäni ulkona ja todetessani, että siellä satoi rakeita. Tsekkiläiset aikoivat lähteä reitille.

Ensimmäinen hissi alas lähti yhdeksältä. Lippu alas maksoi 18,50 e. Alhaalla laaksossa (Passo Falgazego 2105 m) oli yllättäen aurinkoista. Vähän mietitytti, että tuliko tehtyä väärä päätös tulla hissillä alas, kun olisi voinut vaeltaa ylempää reittiä pitkin sään ollessa yhtäkkiä oikein hyvä. Menin hissiasemaa vastapäätä olevaan kahvilaan tutkimaan reittikuvauksesta reittiä, jolla aioin jatkaa. Viereisessä pöydässä vanhemmat brittimiehet, jotka olivat yöpyneet samalla majalla ja tulleet samalla hissillä juuri alas, päättivät lähteä hissillä takaisin ylös. Ilmahan oli taas kirkas! Niin se sää muuttuu täällä vuoristossa, varttitunnissa raekuurosta ja ukkosesta auringonpaisteeseen. Jälkiviisaana voin todeta, ettei heidän olisi kannattanut palata ylös. Itse en tehnyt niin, koska oli luvattu epävakaista säätä eikä ollut mitään takeita auringonpaisteen jatkuvuudesta. Lähdin jatkamaan reitille suuntana Averaun maja, jonne minulla oli varaus.

Oli hyvä, että tarkistin alussa vielä reitin numeron 441, sillä polulla oli monia risteyksiä ja vaihtoehtoja. Seurasin tuota numeroyhdistelmää muita vaihtoehtoja pohtimatta. Tuo numero näkyi reitin varrelle pystytetyissä tauluissa. Tästäkin päivästä tulisi toissapäivän tapaan lyhyt. Se oli minulle tervetullut asia, sillä eilinen oli ollut kova päivä ja tarvitsin vähän iisimmän päivän väliin. Oli tässäkin nousussa minulle kyllä tekemistä. Reitti kulki laskettelurinteiden tienoilla, aluksi loivemmin ja lopussa hyvin jyrkästi kapeassa louhikossa. Aurinko paistoi, mistä olin iloinen, sillä vesisateessa vaellus tässä kivikossa ei olisi houkutellut. Puolentoista tunnin nousun jälkeen tulin viimein vuorenharjanteelle (Forcella Averau 2435 m) ja näin seuraavan laakson. Reitti kiersi vielä valtavan kalliomuodostelman ja vähän aikaa mietin, olenko kuitenkaan oikealla reitillä. Pian näin vuoren jyrkänteen päällä majan, jonka tunnistin Nuvolaun majaksi. Tiesin Averaun olevan sen lähellä ja pian sekin näkyi, parisataa metriä alempana. Olin perillä Rifugio Averaulla (2413 m) tasan kahdeltatoista. Nousuun kului noin kaksi tuntia. Korkeuseroa kertyi 400 metriä ylös ja 100 alas ja matkaa taitoin noin 6 kilometriä.

Sain punkan kuuden hengen huoneesta, jossa oli parveke ja mukavat näkymät laaksoon. Kävin suihkussa (ilmainen) ja pesin vaatteeni – pesukoneessa! Tällä majalla saattoi ostaa poletin pesukoneeseen (6 e) ja kuivaajaan (6). Kallistahan se oli, mutta toisaalta oli tosi mukava saada jo viikon jalassa olleet shortsit kunnon pesuun ja puhtaiksi, samoin Atleticon paita. Kävin pyykkiprojektin välissä syömässä hernekeiton ja join sitruunasoodan.

Koko tämän ajan satoi kaatamalla. Sade oli alkanut varttitunti sen jälkeen, kun olin saapunut majalle. Vähän kävi sääliksi niitä eläkeläisukkoja, jotka lähtivät takaisin ylös viiden tunnin etapille, kun sää oli välillä näyttänyt niin hyvälle. Nyt näkyvyys oli nolla. Rankka vesisade jatkui monta tuntia. Välillä salamoi ja ukkonen paukkui muutaman sekunnin viiveellä. Pitkin iltapäivää sisään tuli läpimärkiä vaeltajia. Kirjoitin näitä tarinoita ylös majan katetulla terassilla ja tyytyväisenä oikeaksi osoittautuneeseen valintaan tilasin tuopin olutta.

Samassa huoneessa yöpyi siellä jo tullessani ollut puolalainen nuori nainen. Juteltiin niitä näitä. Hän oli vaeltanut AV1:stä ensimmäiset neljä etappia edelliskesänä ja palannut nyt jatkamaan. Viime kesän reissulla hänellä oli ollut reppu, jossa ei ollut lantiovyötä. Oli ollut vähän olkapäät kipeänä. Nyt hän oli liikkeellä kunnon varusteilla, mutta ihmettelin kyllä sitä valtavaa tavaramäärää, jonka hän oli levittänyt huoneen pöydälle. Reppu näytti olevan 60 litrainen, mikä on kyllä näille reiteille mielestäni liikaa (tosin itsekin sellaisella monet reissut tein). Tavarapaljoutta saattoi selittää hänen hyvin huolitellun ulkonäkönsä ja monipuolisen vaatetuksensa asettamat tarpeet. Näytti, että hänellä oli vähän väliä eri vaatepari päällä ja meikit ja kynnet sekä korut viimeisen päälle timmissä. Hän vaikutti olevan menossa ennemminkin fiinille illalliselle kuin vaellukselle. No, jokainen taaplaa tavallaan. Mukava tyyppi hän oli ja sopivan puhelias.

Juteltiin reiteistä ja matkoista, kuten yleensä majoilla tehdään. Hän odotti, että sää paranisi ja pääsisi kiipeämään ylemmälle Nuvolaun majalle ottamaan kuvia. Itseäkin valokuvaus kiinnostaa, mutta ajatus lähteä vielä kiipeämään ei tuntunut sopivan polvelleni lainkaan. Sateen tauottua hän kävi illallisen jälkeen ottamassa siellä kuvia. Näin niitä myöhemmin. Vaikka valokuvaaminen on nykyään helppoa, hyvä kuva edellyttää kuitenkin edelleen jonkinlaista näkemystä siitä, miten kuvaa. Esimerkiksi tällaisesta maisemasta ei mielestäni ole pointtia ottaa pystykuvaa (vaikka se varmasti Instaan paremmin sopiikin). Hän aikoi lähteä kuvaamaan ylös myös aamulla auringon noustessa.

Illallinen Averaun majalla oli erinomainen. Sai valita alku- ja pääruuan muutamasta vaihtoehdosta. Otin raviolia, possunposkea ja polantaa, juomaksi varttilitran punaviiniä. Lisäksi ruokaan kuului salaatti ja jälkiruoka. Jälkkäriksi valitsin viidestä vaihtoehdosta creme bruleen vadelmilla. Se oli laatuaan paras tähän mennessä maistamistani. Taas saattoi todeta, että ruoka italialaisilla majoilla on aivan omaa luokkaansa. Hintaa tälle kaikelle majoitus ja erinomainen aamupala mukaan lukien kertyi yhteensä 153 euroa. Ostin matkamuistoksi paidan (30 e), johon on kuvattu AV1-reitti.

Illalla makuusaliin oli saapunut minun ja puolalaisen lisäksi ikäiseni mies. Hän makasi puoliunessa sängyssään, kun tulin huoneeseen illallisen jälkeen. Menin parvekkeelle soittamaan kotiin (wifi toimi hyvin tällä majalla). Palattuani huoneeseen hän kysyi yllättäen, puhuinko suomea. Kävi ilmi, että hän oli asunut 20 vuotta sitten Suomessa. Oli viihtynyt, piti ihmisistä ja paikasta, mutta kun ei ollut oppinut kieltä, turhautui siihen ja muutti pois. Oli asunut Uudessa

Seelannissa, mutta nyt taas kotimaassaan Hollannissa, jonne oli palannut nähdäkseen useammin vanhaa isäänsä. Oli ostanut matkailuauton, jolla nyt oli liikkeellä täällä. Hän oli intohimoinen pyöräilijä ja ajanut pyörällä tänne majalle (loppumatkan huoltotietä) Cortinasta asti yhdessä päivässä. Aivan käsittämätön suoritus. Ei ihme, että hän oli niin puhki. Siinä jutellessamme puolalaisnainen tuli huoneeseen ja ilmoitti, että hän lähtee kuvaamaan auringonnousua viideltä aamulla. Tämä mies, joka oli juuri selittänyt minulle olevansa aivan kuollut järkyttävän ylämäen jäljiltä, ilmoitti saman tien naiselle olevansa hyvin kiinnostunut: "I am in!". Hänen yhtäkkiä herännyt intonsa kiivetä vielä ylemmäs vuorelle ollessaan jo täysin poikki saattoi toki olla vilpitöntä kiinnostusta auringonnousun näkemiseen yöllä pimeässä ja kylmässä, mutta en sulkisi täysin pois sitäkään vaihtoehtoa, että tämän oikein mukavannäköisen naisen huoliteltu olemus saattoi myös antaa miehelle aivan uutta innoitusta ja voimia.

Näkymä Averaun majalta

Näkymä Averaun majalta

Illallinen Rifugio Averaulla

32 Averau – Nuvolau – Passo Giau – Cortina

Aamupala oli yhtä hyvää tasoa kuin illallinenkin. Lähdin liikkeelle kahdeksan maissa. Päätin ensin kiivetä Nuvolaun majalle (2575 m), nyt kun sää oli taas kirkas. Se on Averaun majan yläpuolella huimassa paikassa korkean kallion päällä. Toinen puoli vuoresta, jota pitkin sinne noustaan, on merkillisen tasainen ja leveä, kuin vinossa oleva pöytätaso, toisella puolella taas on jyrkkä seinämä. Kiipeäminen sinne on helppoa, enemmänkin vain kävelyä, toki varsin jyrkässä ylämäessä. Yllättäen vastaan tuli tuttu tsekkiläispariskunta, joka oli yöpynyt edellisen yön Nuvolaun majalla. Kertoivat päässeensä eilen puolen päivän maissa jollekin laaksossa alempana sijaitsevalle majalle kierrettyään perusreitin ja odotelleensa siellä iltaan saakka, kunnes sade oli lakannut ja kiivenneet Nuvolaulle. Siellä he olivat kuvanneet myöhään illalla ja aamulla droonilla. Sovittiin, että lähettävät kuvia. Ne olivat aivan käsittämättömän hienoja. Droonilla saa aivan eri kuvakulman kuviin. Todella hieno auringonlasku. Tuollaisia kuvia ja videoita harvoin näkee. Lähetin heille matkan varrella ottamiani kuvia ja pari kuvaa heistä tuossa Nuvolaulle vievässä kalliorinteessä. Mukavia ihmisiä. Pidin heihin yhteyttä myös reissun jälkeen.

Ylhäältä Nuvolaun majalta on 360 asteen näkymät Dolomiiteille. Täällä kannattaa tosiaan käydä, vaikka yöpyy Averaun majalla. Sieltä näkee muun muassa Dolomiittien korkeimmalle huipulle, Marmoladan jäätikölle ja Sellan massiivin pöytävuorelle (jonka olimme ylittäneet pojan kanssa kahdesti) sekä monille muillekin edellisiltä reissuilta itsellekin tutuille vuorille. Dolomiitit ovat siinä mielessä erikoinen vuoristo, että se ei ole yhtenäinen, vaan erillisistä ikään kuin vuoristosaarekkeista koostuva alue. Väliin jää laaksoja ja eri vuoristoalueet eroavat selkeästi toisistaan. Oli mukava tunne huomata tunnistavansa useat näköpiirissä olevat vuoret. Ylhäältä näkyy myös Cortinan kylä.

Nuvolaun maja on perinteinen pieni vuoristomaja, joka on rakennettu jo 1800-luvulla (tosin se on kerran tuhoutunut ja tämä on osittain uusi versio alkuperäisestä). Majan seinällä näin hienon 360 asteen valokuvan tästä samasta paikasta. Siihen oli merkitty kaikki ympäröivät vuorenhuiput ja muutakin taustatietoa. Ostin sellaisen matkamuistoksi (12 e). Jututin majaa pitävää todella ystävällistä naista. Käytiin läpi eri alueita ja reittejä Dolomiiteilla ja tietysti sää. Tänä vuonna kesä oli täällä myöhässä ja edellisinä viikkoina oli satanut paljon. Kysyin Nuvolaun majalta lähtevästä reittikuvauksen mukaisesta Via ferrata -reitistä. Hän totesi, ettei voi sitä suositella, jollei ole valjaita ja kypärää mukana. Ei ollut mukana enkä kipeän polven kanssa sinne olisi lähtenyt, vaikka olisikin ollut. Tiedoksi siis reitille suuntaaville tämä neuvo eli tuolle Passo Giauhun johtavalle Via ferratalle kannattaa lähteä vain, jos on valjaat, vaikka se on merkitty reittikuvauksessa pääreitiksi.

Palasin Averaun majalle. Nuvolaulla käyntiin kului puolitoista tuntia. Reitti Averaulta Passo Giaun suuntaan oli tylsä eikä kovin mukava kävellä. Paljon irtosoraa ja isojen kivien välissä taiteilua. Polvea jomotti ja kulku hidastui. Ei ollut lainkaan kivaa, vaikka reitti tässä kohtaa ei ole erityisen vaativa. Vastaan tuli isompia turistiryhmiä. Keski-ikä oli yli keski-iän. He olivat varmaankin ajaneet Passo Giauhun autolla tai bussilla ja kävelivät Averaulle. Sieltä voi kätevästi jatkaa Passo Falgazegoon, josta eilen lähdin ja palata bussilla tai muulla kyydillä vaikkapa Cortinaan. Sopiva päivävaellus hienoissa maisemissa eikä tarvitse palata samaa reittiä takaisin. Ei ihme, että kulkijoita juuri tässä kohtaa oli niin paljon.

Viimein saavuin melkein nilkuttaen Passo Giauhun (2236 m). Siellä oli paljon autoja parkissa tien varressa ja moottoripyöräilijöitä. Siinä oli myös ravintola, jossa varsinkin moottoripyöräilijät näyttivät käyvän kahvilla.

Minulle oli edellisen reilun tunnin aikana selkeytynyt päätös siitä, että tämä päivä on viimeinen vaelluspäivä. Tarkoitus oli ollut jatkaa vielä kolme päivää pidemmälle, mutta polvi ei kerta kaikkiaan ollut siinä kunnossa. Kulku oli liian hidasta ja tuskaista. Mitä hitaammin kuljin, sitä pidempään olin reitillä ja siten lisäsin riskejä siitä, etten pääse ajoissa perille.

Minulla oli paluulentoliput vasta viikon päästä ja nyt mietin, että mitä teen loppuajan. Venetsiassa olisi sinänsä mukava olla, mutta kipeällä polvella sielläkään ei paljon käveltäisi eikä esimerkiksi Biennaalissa käynnistä tulisi mitään. Myöskään museoissa kuljeskelu ei olisi kivaa kipeällä jalalla. Niinpä päätin tarkistaa, saisinko aikaistettua lentojani. Soitin Finnairille kahvilasta. Sain siirrettyä lennon ylihuomiselle. Kallistahan se oli (180 e), mutta toisaalta tuo raha kuluu Venetsiassa helposti päivässä, joten tavallaan myös säästin maksamalla tuon lipun muutoksesta perittävän maksun ja jättämällä viisi päivää Venetsiassa väliin. Tässä kohtaa on hyvä mainita, että kun muuttaa lipun, uusi lippu tulee maksaa seuraavan neljän tunnin aikana. Jos niin ei tee, menettää sekä alkuperäisen että uuden lipun. Tämä oli minulle varsin olennainen tieto, koska olin jatkamassa vielä reitillä ja nettiyhteys toimi vain tässä kohtaa. Odottelin siis, että sain uuden laskun sähköpostiin, maksoin sen ja lähdin liikkeelle.

Suuntana oli Citta di Fiumen maja (1917 m), jonne minulla oli varaus. Tuon majan jälkeen olin suunnitellut jättäväni AV1:n seuraavat kolme etappia väliin, koska ne ovat samat kuin München-Venetsia -reitillä. Olin ne jo nähnyt. Saapuessani muutaman tunnin kuluttua Citta di Fiumelle tulisin siis kohtaan, josta eteenpäin olin kulkenut Dolomiitit etelän suuntaan. Suunnitelmissa oli jatkaa siitä suoraan viimeisille AV1:n osuuksille Forno di Zolton suunnalta. Se olisi käsittääkseni mahdollista bussilla tieltä, jonka tämä reitti ylittää Citta di Fiumen jälkeen. Jatkaisin sieltä kävelemällä Forno di Zoltosta Rifugio Pramperetin majalle ja kulkisin loput kaksi AV1:n etappia. Tämä oli ollut suunnitelmani.

188

Käveltyäni Passo Giausta puolisen tuntia totesin kuitenkin, että polvi on nyt todella kipeä. Tuskaista menoa. En ollut enää varma siitä, kestääkö polvi. Mietin, mitä tekisin, jos kesken etapin kävisi niin, etten pääsisi enää liikkeelle. Tähän saakka etapit olivat olleet sellaisia, joista pääsee kesken matkan alas laaksoon tai jollekin majalle, mutta nyt tätä mahdollisuutta ei ollut. Mietin, että jos polvi menee täysin jumiin seuraavalla ohjeistuksen mukaan kolmen tunnin, mutta minun vauhdilla vähintään viiden tunnin etapilla, olen pulassa. Riskiarvioni oli, etten lähde testaamaan onneani. Palasin takaisin Passo Giauhun ja haikein mielin totesin, että tämä vaellus on nyt tässä. Liikaa riskejä. Safety first. Vaellusta kertyi tänään noin 300 noustun ja 200 laskeudutun metrin sekä viiden kilometrin verran reilun kolmen tunnin aikana.

Passo Giaussa kävin tarkistamassa bussipysäkiltä aikataulun. Aamupäivän bussi oli mennyt, mutta yksi bussi pitäisi vielä tulla reilun neljän tunnin päästä. Pitkä aika odottaa. Menin kahvilaan kysymään asiasta. Bussi oli kuulemma mennyt. Jäi epäselväksi, tuleeko enää toista tänään. Sain taksin puhelinnumeron. Sanoivat, että saattaa olla mahdollista tilata, mutta hinta on vähintään 50 euroa. Menin ulos pohtimaan tilannetta. Cortinan kylä näkyi alhaalla laaksossa, mutta matkaa sinne oli mutkaista tietä pitkin valtavasti.

Levennyksellä oli pieni valkoinen auto vilkku päällä. Päätin kokeilla onneani. Auton edessä oli eläkeikäinen rouva, jolta kysyin englanniksi, oliko hän menossa Cortinaan. Rouva ei ymmärtänyt muuta kuin Cortinan ja vastasi monisanaisesti italiaksi. Muuta en ymmärtänyt kuin Passo Falgazegon, siis paikan, josta olin eilen lähtenyt tultuani alas hissillä. Keskustelu jatkui muutaman minuutin kummankaan ymmärtämättä toistaan yhtään enempää. Kaivoin esille kartan, josta hän näytti, minne oli menossa. Se ei ollut Cortina, mutta suunta oli oikea. Näytin peukkua ja hän näytti autoa. Kyytiin vaan. Reppu ja sauvat takaluukkuun ja minä takapenkille, jossa oli pieni koira. Toisella etupenkillä oli joku vanhempi rouva. He olivat ehkä

189

tuoneet tänne jonkun tuttavan, joka oli lähtenyt tekemään ehkä juuri edellä kuvaamani päiväretken ja hakisivat tämän toiselta puolelta vuorta. Se edellyttää tietysti laaksoon ajamista ensin ja toisen tien ajamista ylös vuoren toiselle puolelle.

Matka Cortinaan oli yllättävän pitkä, vaikka kylä näkyi vuoren päälle, josta lähdimme liikkeelle. Tiessä oli varmaan sata mutkaa, joita tämä rouva kurvaili kuin vanha rallikuski selittäen samalla eläväisesti joitain ja viittoillen ikkunasta eri kohteita tuttavalleen. Tämän mäen siis Averaun majalla yöpynyt Suomessakin asunut mies oli eilen noussut fillarilla. Hattu päästä. Olin erittäin kiitollinen tästä kyydistä. Loppumatkasta nainen päätti viedä minut lähemmäs Cortinaa, vaikka ei ollut sinne menossa ja jätti minut kaupungin reunalle. Kiitin häntä monin eri kielin. Grazie mille, vielä tässäkin.

Nilkutin tietä alaspäin Cortinan suuntaan ja juuri ennen keskustaa huomasin Corona-nimisen hotellin. Kävin kysymässä huoneen hintaa. Se oli hyvin maltillinen, 83 euroa siihen nähden, että puolalaisnainen oli kertonut jättäneensä Cortinassa yöpymisen väliin hintojen ollessa satoja euroa, tyyliin 400 euroa yö. Hän oli yrittänyt yöpymistä juuri päivänä, jolloin aiemmin reitillä näkemäni ultramaratonin maailmancupin kisa päättyi tänne, joten ehkä hinnat olivat siitä syystä tapissa. Sen kyllä tiesin, että Cortina on nykyisin erittäin kallis paikka, mutta nuo hinnat olivat jo aivan tolkuttomat. Voi tosin olla, että tällä puolattarella oli kovemmat vaatimukset yöpaikan tason suhteen kuin minulla. Tämä Corona-hotelli oli varsin vaatimaton ja huoneet olivat siinä kunnossa, kun ne olivat valmistuessaan noin 100 vuotta sitten. Kylppärit oli sentään uusittu. Oli mielenkiintoista huomata, että huoneen kaapit oli tehty paikan päällä kiinteiksi osiksi huonetta siten, että kattolistat olivat osa kaappeja. Nykyisin kai sanottaisiin ainakin keittiöiden kohdalla, että kalusteet on integroitu, joten ehkä tässäkin vanhasta ideasta on tullut taas uusinta uutta. Minulle tämä huone oli aivan riittävä. Olin aivan puhki ja tarvitsin vain paikan huilata.

190

Söin Averaulta ostamani eväät loppuun, kävin suihkussa ja kinkkasin Cortinan keskustaan bussiasemalle, josta sain selville, miten päästä Venetsiaan. Ostin lipun seuraavana aamuna lähtevään bussiin (25 e). Paluumatkalla istahdin johonkin pikkupubiin ja join valkkarisoodan jäillä (3 e). Tyrmäävän hyvää hellepäivänä. Cortinan keskusta oli jo tuttu edellisiltä reissuilta eikä tehnyt mieli siellä paljon kuljailla, kun kävely oli niin hankalaa. Olin jättänyt repun hotellille, mutta ottanut avuksi toisen sauvan, jonka avulla kuljin kuin vanhus. Tähän oli tultu.

Otettuani hotellilla lyhyet unet tuli nälkä ja päätin lähteä takaisin kaupungille, koska hotellilla ei ollut ravintolaa tai edes baaria. Kävi ilmi, että tänään pelattiin jalkapallon EM-kisoja, joten etsin ravintolan, jossa näki pelin. Tilasin oluen ja pientä purtavaa (15 e). Tylsähkö peli, jonka jälkeen palasin hotellille. Katsoin huoneen tv:stä vielä iltapelin. Samalla tein päivityksen Facebookin Vaellus-ryhmään ja kirjoitin ylös päivän tapahtumat. Oli mukava huomata, että ryhmässä esitettiin kysymyksiä matkaani liittyen. Tykkäysten määrästä päätellen aihe kiinnostaa. Toivottavasti tämä tekstikin.

Maisema Nuvolaun majalta

191

Näkymä Passo Giausta. Tästä alkaa reitti, jota pitkin suuri määrä vaeltajia tuli vastaan.

33 Cortina – Venetsia – Helsinki

Hotellilla oli hyvä aamupala. Siirryin kävelykadun vieressä olevalle bussipysäkille odottelemaan. AC Milanin juniorijoukkueen bussi lähti juuri sinne saapuessani. Ehkä heillä oli ollut turnaus tai leiri täällä. Sää oli sumuinen ja sateinen. Näkyvyyttä vuorille ei ollut tänään lainkaan sumun vallattua laakson. Välillä satoi kevyesti vettä.

Matka Cortinasta Venetsiaan on mielenkiintoinen, sillä tuolle välille mahtuu kaikki mahdolliset maisemat. On vuoristoa, kaupunkeja, teollisuutta, maataloutta, viiniviljelmiä, jokilaakso ja lopussa vielä meri. Bussi ajoi lentokentän kautta Mestren juna-asemalle, josta ostin parin euron junalipun vanhaankaupunkiin. Venetsiasta olen aina pitänyt enkä siihen kyllästy, vaikka olenkin siellä jo yli parin viikon ajan kulkenut edellisten reissujen päätteeksi. Ostin vuorokauden lipun vaporetto-veneisiin ja lipun lentokentälle vievään veneeseen (40 e).

Bussimatkan aikana olin varannut netistä yhden yön majoituksen vanhasta kaupungista. Tämä hotelli toimii 1400-luvulla perustetun luostarin entisissä tiloissa. Varsin vaatimattomat puitteet, mutta siellä oli kaikki tarvittava, ystävällinen henkilökunta ja siistit huoneet. Hintaa yhden sängyn huoneessa yöpymiselle tuli 102 euroa ja siihen kuului aamupala. Luulen, että hinta on keskeinen sijainti huomioiden alhaisempi kuin tavallisesti Venetsiassa ja johtui varmaankin siitä, että varasin ja maksoin sen vain pari tuntia ennen saapumista. Sieltä oli vain pari vaporettopysäkkiä Pyhän Markuksen aukiolle. Kävelin hitaasti aukiolle, jossa nautiskelin kahvin perinteisessä Lavela-kahvilassa katsellen turistien pikaisia käyntejä ovella ja hätäisiä kuvien näppäilyjä. Tuntui, että monet kulkivat kuin zombeina ottaen varmuuden vuoksi kuvan kaikesta eteen tulevasta pysähtymättä lainkaan. Ostin kotiin tuliaisia, kävin syömässä hotellin lähellä pienessä ravintolassa pizzan ja otin kylkeen varttilitran punaviinin (25 e). Illalla kävin vielä veneajelulla.

Seuraavana aamuna totesin hotellin aamupalan ihan asialliseksi. Oli mukava syödä se ulkona hotellin, siis vanhan luostarin, sisäpihalla. Suuntasin FC Venetsia -jalkapallojoukkueen fanikauppaan. Harmikseni siellä ei ollut myynnissä pelipaitoja, johon olisi saanut painatettua Pohjanpalon nimen. Ilmeisesti paitasponssi oli vaihtumassa ja uudet paidat tulisivat vasta syksymmällä sarjan alkaessa. Pohjanpalohan oli joukkueen keskeinen pelaaja viime kaudella, joka päättyi nousuun Italian pääsarja Serie-A:han. Kerran ennenkin olen täältä tuon - tuolloin pikkuseuran - paidan ostanut, ja olisin tietysti mielelläni hankkinut nyt uuden, kun joukkueen riveissä oli Suomen maajoukkueen hyökkääjä. Pohjanpalon pelejä olin nähnyt vuosien mittaan paljon HJK:n väreissä ja maajoukkueessa. Joku toinen kerta.

Hain tavarani hotellilta ja siirryin vaporettolla Pyhän Markuksen aukiolle. Dogen palatsissa oli avattu Marco Polon retkiä ja elämää esittelevä näyttely, jonka halusin nähdä. Sinne oli onneksi oma jono eikä siten ollut tarvetta odottaa varsinaiseen palatsiin menossa olevan suuren turistimäärän kanssa samassa jonossa. Turvatarkastuksessa kuitenkin todettiin, ettei reppuani voi jättää museon vaatesäilytykseen. Reppuhan ei sinänsä ole iso, mutta ehkä sen kyljessä olleet sauvat olivat liikaa. Sain ohjeet, mistä löytyy tavarasäilytys. Nilkutin sinne ja onnistuin saamaan repun tähän automaattisesti ilman henkilökuntaa toimivaan säilytykseen. Siellä käytössä ollut maksulaite hyväksyi vain luottokortit, mutta ei Visa-korttia. Onneksi oli myös Mastercard, jolla sain maksettu hyvin kohtuullisen säilytysmaksun (2,90 e). Palasin aukiolle ja näin hyvin mielenkiintoisen näyttelyn, jossa oli esillä muun muassa 1400-luvulla tehty Mappa di Mundo eli maailmankartta. Siinä oli selkeästi merkittynä tuon ajan keskeiset kaupungit, kuten Revel (Tallinna) ja Perna (Pärnu), mutta jostain kumman syystä Suomen tuon ajan "kaupunkeja" eivät venetsialaiset olleet huomioineet.

Hain reppuni säilytyksestä ja menin Pyhän Markuksen torin vieressä olevalle laiturille, josta pääsee veneellä suoraan lentokentälle. Tämä

194

oli eksoottista. Enpä ollut ennen lentokentälle veneellä kulkenut. Matka kestää noin 80 minuuttia ja se on paljon mukavampi tapa siirtyä kentälle kuin ruuhkaiset junat ja bussit. Voi suositella. Samalla näkee merimaisemia kaupungin pohjoispuolella. Illalla olin jo koti-Suomessa.

Hyvä reissu oli tämäkin, vaikkei suunnitelmien mukaan mennytkään. Olin kuitenkin erittäin tyytyväinen siihen, että ylipäätään lähdin yrittämään. Näin mahtavia maisemia ja sain kokea taas paljon uutta.

Lopuksi

Nämä kahdenkymmenen vuoden aikana tehdyt vaellukset ovat olleet minulle merkittävä harrastus ja henkireikä. Harrastus on kesä kesältä kehittynyt suunnitelmallisemmaksi ja nyt lopussa huomaan, että olen kiertänyt Alpit Välimereltä Sloveniaan. Siinä sivussa on tullut kirjoitettua 11 kirjaa näistä seikkailusta ja kolme niistä on julkaistu englanniksi. Toivon, että näiden tarinoiden lukijat ovat pitäneet kuvauksia kiinnostavina ja saaneet eväitä ja rohkaisua lähteä itsekin kulkemaan vuoristomaisemissa. Siitä vaan, omaa vuoristovaellusta suunnittelemaan tai kuten pohjoisessa sanotaan: Solekko tehä!

Kirjoittamani vaelluskirjat:

Haute Route – Vuoristovaellus Chamonix'sta Zermattiin (2014)

GR5 – Vuoristovaellus Chamonix'sta *Nizzaan* (2014)

Vuoristovaellus Dolomiiteilla lapsen kanssa - Alta Via 2 (2015)

Vuoristovaellus Pyreneillä ja kaupunkiloma Biarritzissa, San Sebastianissa, Toulousessa, Andorrassa ja Barcelonassa (2016)

Vuoristovaellus Itävallassa – Berliner Höhenweg ja Stubaier Höhenweg (2017)

Vaellus yli Alppien – Dream Way Münchenista Venetsiaan (2018)

Vaellus Ranskan Alpeilla – GR5 Geneve-järveltä Nizzaan (2019)

Vaelluksella Sveitsin Alpeilla - Via Alpina 1 ja Haute Route (2021)

Pyreneiden vuoristossa Atlantilta Välimerelle - Vaellusta ja kaupunkilomailua (2022)

Vaelluksia Itävallan ja Saksan Alpeilla (2023)

Majalta majalle vaelluksia Dolomiiteilla (2024)

Kirjoista kolme on käännetty englanniksi ja julkaistu nimillä:

Haute Route – Travelogue from Chamonix to Zermatt hike (2014)

Trekking over the Alps – Alta Via 2 in the Dolomites and Dream Way Münich-Venice (2021)

Tietoa kirjoista löytyy googlaamalla nimelläni, kustantaja BOD:n sivuilta sekä kotisivuiltani: https://akukorhonenphoto.weebly.com/. Laitan sinne tavalliseen tapaan kuvia tältäkin reissulta.

Alpeilla kulkemani majalta majalle -reitit (suuntaa antavat merkinnät):

Liechtensteinin, Itävallan ja Saksan vaellus 2023 punaisella

Ranskan Alpit GR5 (2014, 2019) ja Tour du Mont Blanc (Ranska, Italia, Sveitsi) (2012) vihreällä

Sveitsin Alpeilla Via Alpina (2021) ja Chamonix-Zermatt Haute Route (2012) oranssilla

München – Venetsia (2018) sinisellä

Alta Via 2 Dolomiiteilla (2015) vaaleansinisellä

Itävallan Zillertalin ja Stubaitalin kierrokset (2017) keltaisella

Vuoden 2024 vaelluksen kohde oli siis Alta Via 1 Dolomiiteilla eli kartalla vaaleansinisen ja punaisen reitin väliin jäävä osuus. Nyt voi siis todeta, että Alpit on pelattu läpi!

Varustelista (2024 reissu, jossa liikkeellä 33 litran repulla)

Kuoritakki ja -housut
Vaelluskengät
Lenkkarit
Vaellusshortsit/housut (vetoketjulahkeet)
Pitkät vaellus/majahousut
T-paita (2 kpl, tekninen materiaali)
Fleece-paita
Pitkähihainen (tekninen) paita
Alushousut (2, tekninen)
Vyöt housuihin
Sukat (2 liner, 1 paksummat vaellussukat ja 1 tavalliset majalle)
Lippis (2)
Hanskat ja kaula"tuubi"
Makuupussi (ohut silkkinen)
Ensiapupakkaus, johon laastareita, sideharsoa, sakset, särkylääkkeitä, rakkolaastareita jne.
Käsidesi, aurinkovoide ja rasvaa hiertymiin
Hammasharja ja -tahna, partahöyliä, saippua, korvatulppia
Camelback (2 litran)
Sauvat
Silmälasit ja aurinkolasit
Otsalamppu ja paristot
Sadesuojat papereille, vaatteille, elektroniikalle ja repulle
Kännykkä, laturi, varavirta ja nappikuulokkeet
Kello, jossa korkeusmittari
Lukemista (kännykkäsovellus), muistivihko ja muutama kynä
Passi, käteistä, luottokortti, matkavakuutuskortti, Alppikerhon kortti
Kartat ja reittikuvaus